전남대학교 아시아문화연구소 총서

일본 사찰의 음식 수행

전남대학교 아시아문화연구소 총서

일본 사찰의 음식 수행

인 쇄 2023년 2월 20일
발 행 2023년 2월 25일

저 자 도겐道元
역 자 김용의
발행인 정성택
발행처 전남대학교출판문화원

등 록 1981. 5. 21. 제53호
주 소 61186 광주광역시 북구 용봉로 77
전 화 (062) 530-0571~2 마케팅 530-0573
팩 스 (062) 530-0579
홈페이지 http://www.cnup.co.kr
이메일 cnup0571@hanmail.net

값 15,000원

ISBN 978-89-6849-946-3 (93380)

전남대학교 아시아문화연구소 총서

도겐 道元 저
김용의 역

일본 사찰의 음식 수행

典座教訓 赴粥飯法

전남대학교출판문화원

일러두기

본서는 일본 조동종(曹洞宗)의 개조(開祖)인 도겐(道元)이 지은 『전좌교훈(典座教訓)』과 『부죽반법(赴粥飯法)』의 번역이다. 역자는 한국어로 번역하는 과정에서 다음과 같은 세부 원칙을 적용하였다.

1. 본문 번역
   (1) 원문의 의미를 훼손하지 않기 위해서 직역을 원칙으로 하여 적절하게 의역을 가한다.
   (2) 인명·지명 등의 고유명사 및 학술·전문용어에 대해서는 역주를 달아서 보충하고 설명한다.
   (3) 장별 소제목 및 단락 나누기는 기본적으로 『典座教訓 赴粥飯法』(中村璋八 외 역주, 2012, 講談社)에 의거한다.

2. 표기법
   (1) 독자의 편의를 위해서 한문 원문 위에 한글로 덧말을 넣는다.
   (2) 일본어의 한글 표기는 원칙적으로 외래어 표기법의 <가나 문자 표기법>에 따른다.
   (3) 고유명사 및 학술·전문용어의 일본어 및 한자 표기는 각 장마다 처음 나오는 경우에 한해서 괄호 안에 넣어서 병기한다. 다음부터는 한글만을 표기한다.
   예) 도겐(道元), 선원청규(禪苑淸規), 에이헤이지(永平寺)

3. 역주 및 사진
   (1) 역주는 각주를 사용한다.
   (2) 독자의 이해를 돕기 위해서 역자가 찍은 사진 자료를 첨부한다.

전좌교훈 典座教訓

제 1 장 전좌의 역할 ······ 10
제 2 장 전좌의 마음가짐 ······ 12
제 3 장 전좌의 하루 ······ 14
제 4 장 전좌가 실제로 하는 일 ······ 17
제 5 장 스스로 조리를 하다 ······ 20
제 6 장 일의 순서와 식기류 정리 ······ 23
제 7 장 재료를 소중하게 시간을 유용하게 ······ 26
제 8 장 전좌의 마음 쓰기 ······ 29
제 9 장 전좌의 수행 ······ 31
제10장 음식의 수량을 확인 ······ 34
제11장 승려의 식사법 ······ 40
제12장 중국으로 유학한 일본 승려의 체험 ······ 42
1. 타인은 내가 아니다 ······ 42
2. 전좌의 수행 ······ 46
3. 문자와 판도의 참된 뜻 ······ 53
4. 문자의 탐구 ······ 56

제13장 선사 최고 책임자의 마음가짐 ······ 59
제14장 식사 공양의 공덕 ······ 62
제15장 먹을 것을 차별하지 않기 ······ 64
제16장 사람을 차별하는 눈빛으로 보지 않기 ······ 67
제17장 일본국 겐닌지 전좌의 실정 ······ 70
제18장 도심이 없는 전좌의 폐해 ······ 73
제19장 중국 선원의 전좌 ······ 75
제20장 선인들의 발자취 ······ 78
제21장 세 가지 마음가짐 ······ 80
1. 기쁜 마음 ······ 80
2. 노숙한 마음 ······ 85
3. 큰 마음 ······ 88

부죽반법赴粥飯法

제1장 식사와 불도는 일체 ··· 94

제2장 식사 신호 ··· 99

제3장 승당으로 들어가는 법 ··· 101

제4장 평상에 오르는 법 ··· 105

제5장 발우 내리는 법 ··· 110

제6장 성승에 대한 공양 ··· 112

제7장 주지의 입당 ··· 114

제8장 식기 펼치는 법 ··· 117

제9장 식전 기원 ··· 122

제10장 시식 기원 ··· 128

제11장 상차림 보고 ··· 131

제12장 시재 기원 ··· 134

제13장 시중을 드는 법 ··· 136

제14장 식사 받아 드는 법 ··· 138

제15장 다섯 가지 명상 ··· 141

제16장 귀신 무리에 대한 공양 ··· 143

제17장 죽 받아 드는 법 ··· 145

제18장 밥 받아 드는 법 ··· 147

1. 발우 다루는 법 ··· 147

2. 계율로 보는 식사법 ··· 151

3. 식사를 할 때의 태도 ··· 155

4. 그 밖의 주의할 점 ··· 159

제19장 식기 씻는 법 ······ 163
제20장 발우를 씻은 물의 처리 ······ 167
제21장 식기 수납하는 법 ······ 169
제22장 식후 기원 ······ 171
제23장 승당에서 나가는 법 ······ 174
제24장 방참 신호 ······ 176

역자 후기 I 에이헤이지(永平寺) 1박 2일 참선 체험기 ······ 179

찾아보기 ······ 209

전좌교훈 典座教訓

제1장 전좌의 역할

불가종본유육지사 공위불자 동작불사
佛家從本有六知事，共爲佛子，同作佛事。

취중전좌일직 시장중승지변식
就中典座一職，是掌衆僧之辨食。

선원청규운 공양중승 고유전좌
禪苑清規云，供養衆僧，故有典座。

종고도심지사승 발심지고사 충래지직야
從古道心之師僧，發心之高士，充來之職也。

개유일색판도
蓋猶一色辨道。

약무도심자 도로신고 필경무익야
若無道心者，徒勞辛苦，畢竟無益也。

본래 불도를 수행하는 도량에는 각 각 역할을 맡은 육지사(六知事)[1]가 있다. 모두가 불제자로 불도 수행에 힘쓰고 있다. 그 중에서 전좌(典座)[2]라고 하는 직책은 수행하는 승려들의 식사를 준비하는 역할이다. 『선원청규(禪苑淸規)』[3]에 "수행하는 승려들을 공양할 필요가 있으므로 전좌라는 직책이 있다."라고 되어 있다. 전좌는 예부터 깨달음을 추구하는 깊은 마음을 지닌 사람들에게만 맡기던 직책이다. 생각건대 이는 전좌라는 직책이 순수하고 잡념이 없는 불도 수행 그 자체인 데서 연유한다. 따라서 만약 깨달음을 추구하는 마음이 없다면 쓸데없이 힘든 일에 마음을 혼란하게 할 뿐이다. 결국 아무것도 얻는 것이 없다.

---

1 사원에서 수행승을 감독하고 독려하며, 사원의 운영에 관한 임무를 맡은 6명의 중요한 직책이다. 도사(都寺)·감사(監寺)·부사(副寺)·유나(維那)·전좌(典座)·직세(直歲) 등으로, 이들 직책에 관해서는 본문에서 자주 언급하고 있다.

2 사원에서 승려들의 식사를 관장하는 직책이다. 일반적으로 수행 햇수가 오래된 승려가 이 직책을 맡는다. 일본어로는 '텐조(てんぞ)'라고 읽는다. 저자 도겐은 특히 이 직책을 중요하게 여겨서 『전좌교훈』을 저술하였다.

3 북송 시대 장로종색(長蘆宗賾)의 찬(撰)으로 1103년에 간행되었다. 모두 10권으로 구성되었다. 선종 사원에서 수행하는 승려들의 생활규범인 청규(淸規)를 집대성하였다. 『선원청규』는 현존하는 청규 중에서 가장 오래되었다.

제2장 전좌의 마음가짐

선원청규운 수운도심 수시개변 영대중수용안락
禪苑清規云，須運道心，隨時改變，令大衆受用安樂。

석일 위산동산등근지 기여제대조사 증경래야
昔日，潙山洞山等勤之，其餘諸大祖師，曾經來也。

소이부동세속식주자급찬부등자여
所以不同世俗食廚子及饌夫等者歟。

산승재송지시 가일 자문우전자근구등
山僧在宋之時，暇日，咨問于前資勤舊等，

피등료거견문 이위산승설
彼等聊擧見聞，以爲山僧說。

차설사자 고래유도지불조소유지골수야
此說似者，古來有道之佛祖所遺之骨隨也。

대저수숙견선원청규
大抵須熟見禪苑清規。

연후 수문근구자세지설
然後，須聞勤舊子細之說。

『선원청규(禪苑淸規)』에 "식사를 준비할 때는 반드시 불도를 추구하는 마음가짐으로, 계절에 따라 나오는 재료를 준비하여 식사에 변화를 주고, 수행하는 승려들이 기분 좋게 먹을 수 있도록 하고, 몸과 마음이 편안해지도록 배려해야만 한다."라고 되어 있다. 옛날에 위산(潙山) 영우선사(靈祐禪師)[4]와 동산(洞山) 수초선사(守初禪師)[5]도 이 전좌(典座) 직책을 맡았다. 그 외에도 많은 뛰어난 승려들이 이 전좌 직책을 경험하였다. 세상에 존재하는 일반 요리사나 급사의 역할과 똑같이 생각해서는 안 된다.

나는 송나라에 유학하였을 때에 시간이 있으면 선배들이나 오랫동안 전좌 직책을 맡았던 사람들에게 묻곤 하였다. 그 사람들은 자신들이 실제로 체험하고 견문했던 것을 나를 위해서 조금씩 설명해 주었다. 그 설명은 옛날부터 불도를 추구하는 깊은 마음을 지닌 부처님이나 조사(祖師)들이 후대 사람들을 위해서 남긴 근본적인 가르침이었다. 이 전좌 직무의 대강에 관해서는 『선원청규』를 잘 읽어보기 바란다. 그런 다음에 선배들의 상세한 설명을 들어야 한다.

---

4 771-853. 중국 당나라 시대의 선승으로 백장회해(百丈懷海)의 제자이다.

5 910-990. 중국 당나라 말기에서 오대(五代)에 활동했던 선승이다. 운문문언(雲文文偃)의 제자로 운문의 도량에서 전좌를 담당하였다.

제3장 전좌의 하루

소위당직경일일야 선재시파 취도사감사등변
所謂當職經一日夜，先齋時罷，就都寺監寺等邊，

타익일재죽지물료
打翌日齋粥之物料。

소위미채등야
所謂米菜等也。

타득료 호석지여안정
打得了，護惜之如眼睛。

보영용선사왈 호석안정상주물 경중지여어찬초료
保寧勇禪師曰，護惜眼睛常住物，敬重之如御饌草料。

생물숙물 구존차의
生物熟物，俱存此意。

차제지사 재고당 상량명일끽심미 끽심채
次諸知事，在庫堂，商量明日喫甚味，喫甚菜，

설심죽등
設甚粥等。

선원청규운 여타물료병재죽미수
禪苑清規云，如打物料竝齋粥味數，

병예선여고사지사상량
竝預先與庫司知事商量。

소위지사자 유도사감사부사유나전좌직세야
所謂知事者，有都寺監寺副司維那典座直歲也。

미수의정료 서정방장중료등엄정패
味數議定了，書呈方丈衆寮等嚴淨牌。

연후설변명조죽
然後設辨明朝粥。

전좌(典座)라는 직책을 맡은 사람의 하루 동안 일을 말하기로 한다. 먼저 점심 식사가 끝나면 사무(寺務)의 총감(總監)인 도사(都寺)[6]나 감사(監寺)[7]가 있는 곳으로 가서, 내일 점심이나 아침에 먹을 죽의 재료를 정한다. 여기서 말하는 재료란 쌀이나 채소이다. 재료가 정해지면 이 재료를 사람의 눈과 같이 소중하게 다룬다. 보녕산(保寧山)의 인용선사(仁勇禪師)[8]는 "일상적으로 사용하는 물건을 눈과 같이 소중하게 다루라."라고 말씀하였다. 이 재료들을 소중하게 아끼기를 천자가 드시는 식사처럼 여긴다. 생것을 대할 때나 불을 가해서 조리한 것을 대할 때나 똑같은 마음가짐으로 대해야 한다.

다음으로 모든 지사(知事)는 절의 공양간에서 "내일은 어떤 맛을 내고, 어떤 음식을 먹고, 어떤 국을 만들까" 등을 서로 의논한다. 『선원청규(禪苑淸規)』에는 "재료나 점심 조식의 음식 맛, 그리고 그 수량을 정할 때에는 미리 사원의 공양간과 관련된 지사들과 잘 의논하시오."라고 적혀 있다. 여기서 말하는 지사들이란 도사(都寺)·감사(監寺)·부사(副司)[9]·유나(維那)[10]·전좌(典座)·직세(直歲)[11] 등의 여섯

---

6 앞서 나온 육지사(六知事) 직책 중의 하나이다. 도감사(都監寺)라고 부르기도 하며 사원의 사무 일체를 감독하고 통괄한다.

7 육지사 직책 중의 하나이다. 사무를 총감(總監)하는 직책으로 주로 일본의 조동종(曹洞宗) 종파에서 사용하는 용어이다.

8 생몰년은 전해지지 않는다. 중국 북송 시대의 승려로 강소성(江蘇省) 남경(南京)에 있는 보녕사(保寧寺)에 머물렀다.

9 육지사 직책 중의 하나로 사원에서 주로 출납에 관한 업무를 담당한다.

직책을 말한다. 이렇게 음식 맛과 수량을 의논하여 결정이 끝났다면, 그 내용을 적어서 주지의 거실인 방장(方丈)[12]이나 일반 수행승들이 거주하는 방인 중료(衆寮)[13]의 게시판에 붙여둔다. 이 같은 준비를 마치고 나서 내일 아침에 먹을 죽을 준비하기 시작한다.

---

10 '維'는 통괄한다는 의미이고 '那'는 범어 karmadāna의 음역이다. 사원에서 사무를 담당하는 직책이다.

11 사원의 건축이나 수리 그리고 전답을 관리하는 직책이다.

12 사원의 주지가 기거하는 거실이다. 함장(函丈)이라고 부르기도 한다. 『유마경(維摩經)』의 유마거사가 일장사방(一丈四方) 크기의 방에 기거했다는 고사에서 유래한다.

13 수행승들이 독서와 차 마시기 그리고 바느질을 하는 공간이다.

제4장 전좌가 실제로 하는 일

도미 조채등 자수친견 정근성심이작
淘米，調菜等，自手親見，精勤誠心而作，

불가일념소태완만 일사관간 일사불관간
不可一念踈怠緩慢，一事管看，一事不管看。

공덕해중 일적야막양 선근산상 일진역가적여
功德海中，一滴也莫讓，善根山上，一塵亦可積歟。

선원청규운 육미부정 삼덕불급
禪苑淸規云，六味不精，三德不給，

비전좌소이봉중야
非典座所以奉衆也。

선간미변간사 선간사변간미
先看米便看砂，先看砂便看米，

심세간래간거불가방심 자연삼덕원만 육미구비
審細看來看去不可放心，自然三德圓滿，六味具備。

전좌(典座)는 쌀을 씻거나 반찬을 만드는 일을 자신이 직접 하고, 각별히 주의하여 세심하게 마음을 써서 행해야 한다. 한 순간이라도 소홀히 여기지 않으며 매 순간 조심하고 주의를 기울여야만 한다. 전좌의 직책을 완수한다는 것은 큰 바다와 같이 광대하고 깊은 공덕을 쌓는 일이다. 이 큰 바다도 물 한 방울 한 방울이 모여서 이루어지므로 한순간이라도 다른 사람에게 맡겨서는 안 된다. 또한 산처럼 높은 선근(善根)을 쌓는 경우에도, 한 줌 한 줌의 흙이 쌓여서 큰 산을 이룬다.[14]

『선원청규(禪苑淸規)』에 이르기를, "쓰고(苦) 시고(醋) 달고(甘) 맵(辛)고 짜고(鹹) 담백한(淡) 여섯 가지 맛이 적당히 갖추어져 있지 않고,[15] 또한 가볍고 부드럽기, 보기 좋고 정갈하기, 법에 따른 조리라고 하는 음식의 삼덕(三德)[16]이 갖추어져 있지 않으면 전좌가 수행승에게 식사를 공양하는 것이 아니다."라고 말한다. 우선 쌀을 씻을 때는 쌀에 모래가 섞여 있지 않은 지를 세심히 확인하고, 모

---

14 전좌의 일이 더할 나위 없이 중요하다는 점을 선근을 쌓는 일에 비유하여 강조하였다.

15 이 여섯 가지 맛을 육미(六味)라고 한다. 참고로 한국이나 중국에서는 전통적으로 오행(五行) 사상에 근거하여 담백한 맛(淡味)을 포함하지 않는 오미(五味)를 꼽는다.

16 본문에서 설명하고 있는 것처럼, 음식이 깔끔하여 입에 잘 맞는 경연(輕軟), 정갈하고 깔끔한 청결(淸潔), 바른 순서와 방법에 따라서 만드는 여작법(如作法) 등의 세 가지 덕목이다.

래를 버릴 때에는 거기에 쌀이 섞여 있지 않은 지를 잘 살핀다. 이와 같이 마음을 쓰며 잘 주의하고 방심하지 않는다면 저절로 삼덕이 갖추어지고 육미(六味)[17]도 모두 갖추어질 것이다.

[17] 앞의 역주 15) 및 본문을 참조.

제5장 스스로 조리를 하다

설 봉 재 동 산 작 전 좌
雪峰，在洞山作典座。

일 일 도 미 차 동 산 문 도 사 거 미 도 미 거 사
一日，淘米次，洞山問，淘砂去米，淘米去砂。

봉 운 사 미 일 시 거
峰云，砂米一時去。

동 산 운 대 중 끽 개 집 마
洞山云，大衆喫箇什麼。

봉 복 각 분
峰覆却盆。

산 운 자 타 후 별 견 인 거 재
山云，子他後，別見人去在。

상 고 유 도 지 고 사 자 수 정 지 수 지 여 차
上古有道之高士，自手精至，修之如此。

후 래 만 진 가 기 만 지 여
後來晩進，可豈慢之歟。

선 래 운 전 좌 이 반 위 도 심 의
先來云，典座以絆爲道心矣。

여 유 미 사 오 도 거 자 수 검 점
如有米砂誤淘去，自手撿點。

청 규 운 조 식 지 시 수 친 자 조 고 자 연 정 결
淸規云，造食之時，須親自照顧，自然精潔。

취 기 도 미 백 수 역 불 허 기
取其淘米白水，亦不虛棄。

고 래 치 록 백 수 낭
古來置漉白水囊。

변 죽 미 수 납 과 료 유 심 호 지 막 사 로 서 등 촉 오
辨粥米水，納鍋了，留心護持，莫使老鼠等觸誤，

병 제 색 한 인 견 촉
竝諸色閑人見觸。

설봉(雪峯) 의존화상(義存和尙)[18]이 동산(洞山) 양개선사(良价禪師)[19]의 수행 도량에서 전좌(典座) 직책을 맡게 되었다. 어느 날 설봉이 쌀을 씻고 있는 곳으로 동산선사가 와서 "모래를 씻어서 쌀을 골라내는가 아니면 쌀을 씻어서 모래를 골라내는가."하고 물었다. 그러자 설봉이 "모래나 쌀이나 동시에 골라냅니다."라고 대답했다. 이어서 동산선사가 다시 물었다. "그렇다면 수행승은 무엇을 먹는가?" 이 말을 들은 설봉은 쌀이 들어 있는 그릇을 뒤엎고 말았다. 동산선사는 그 모습을 보고 "그대는 후일 분명 다른 스승을 만나서 지도를 받게 될 것이니라."라고 말했다.

이처럼 옛날부터 불도 수행의 뜻을 품은 뛰어난 인물들이 직접 스스로 더할 나위 없는 마음으로 전좌 직책을 수행하였다. 후에 수행하고자 하는 사람이 이 일을 소홀히 하고 게으름을 피우면 어찌해야 좋을 것인가. 선인들이 이르기를 "전좌가 띠를 두르고 스스로 직책을 다하는 것이야말로 불도를 수행하는 사람의 마음가짐이니라."라고 말했다.

만약 쌀을 씻으면서 쌀을 모래로 잘못 알고 버리는 일이 있다면, 전좌가 스스로 직접 점검한다. 『선원청규(禪苑淸規)』에 이르기를 "식

---

18 822-908. 중국 당나라 시대 말기의 승려로 동산양개(洞山良价)의 도량에서 수행승의 죽과 밥을 시중드는 반두(飯頭)가 되어 전좌 일을 담당하였다.

19 807-869. 중국의 선종오가(禪宗五家) 중에서 조동종(曹洞宗)의 개조이다. 저자 도겐은 이 계통의 선(禪)을 일본에 전하였다.

사를 준비할 때는 전좌 스스로 맡아서 잘 점검하시오. 그렇게 하면 저절로 갖추어져 좋은 식사를 준비할 수 있다."라고 한다. 쌀을 씻은 뜨물이라도 함부로 버려서는 안 된다. 옛날부터 뜨물을 거르는 주머니를 준비해서 여기에다 뜨물을 부어, 비록 한 톨의 쌀이라도 소홀히 하지 않았다. 죽을 쑤기 위한 쌀과 물의 양을 적당히 잘 맞추어서 냄비에 넣은 후에는 신경 써서 지켜보아야 한다. 쥐가 더럽히거나 건들게 하고, 혹은 관계없는 사람이 들여다보거나 만지게 해서는 안 된다.

第6장 일의 순서와 식기류 정리

조 죽 시 채 차 타 병 금 일 재 시 소 용 반 갱 등
調粥時菜次，打併今日齋時所用飯羹等。

반 통 병 집 물 조 도 정 성 정 결 세 관
盤桶竝什物調度，精誠淨潔洗灌。

피 차 가 안 고 처 안 우 고 처 가 안 저 처 안 우 저 처
彼此可安高處，安于高處，可安低處，安于低處。

고 처 고 평 저 처 저 평 협 표 등 류 일 체 물 색
高處高平，低處低平，梜杓等類，一切物色，

일 등 타 병 진 심 감 물 경 수 취 방
一等打併，眞心鑑物，輕手取放。

연 후 리 회 명 일 재 료
然後理，會明日齋料。

선 택 미 리 유 충 녹 두 강 진 사 석 등 정 성 택 료
先擇米裏有蟲，緑豆糠塵砂石等，精誠擇了。

택 미 택 채 등 시 행 자 풍 경 회 향 조 공
擇米擇菜等時，行者諷經，回向竈公。

차 택 채 갱 물 료 조 변
次擇菜羹，物料調辨。

수 고 사 소 타 득 물 료 불 론 다 소 불 관 추 세
隨庫司所打得物料，不論多少，不管麁細，

유 시 정 성 변 비 이 이
唯是精誠辨備而已。

절 기 작 색 구 설 료 물 다 소
切忌，作色口說料物多少。

내일 아침에 먹을 죽의 반찬을 준비할 때에는 오늘 낮에 먹은 밥이나 국물 등의 설거지를 한다. 밥통이나 국통 및 식기나 도구는 모두 참된 마음으로 깨끗이 닦아 놓는다. 여기저기 높은 곳에 놓아두어야 할 것은 높은 곳에, 그리고 낮은 곳에 놓아두어야 할 것은 낮은 곳에 놓아둔다. 높은 곳은 높은 곳으로 평평하게 하고, 낮은 곳은 낮은 곳으로 안정되게 자리를 만든다. 음식을 집는 데 사용하는 긴 젓가락이나 국자와 같은 기물도 마찬가지로 잘 정리한다. 참된 마음으로 점검하고 소중하게 다루며 잘 놓아둔다. 그 후에 내일 먹을 점심 준비를 시작한다. 먼저 쌀 속에 벌레가 섞여 있으면 이를 가려내고, 녹두(綠豆)나 쌀겨 그리고 모래도 잘 보아서 가려낸다. 전좌(典座)가 쌀이나 채소를 고르고 있을 때에 전좌(典座) 밑에서 일하는 행자(行者)는 부뚜막의 수호신인 조공(竈公)[20]에게 독경한다. 이어서 부식이나 국물 재료를 골라서 준비하기 시작한다.

고사(庫司)[21]에게서 받은 재료는 양이 많거나 적거나 재료가 좋거나 나쁘거나 불평을 해서는 안 된다. 그저 성의껏 조리를 하면 된다. 안색을 바꾸어 재료의 많고 적음에 관해서 결코 언급하지 말

---

20 조왕신(竈王神)을 의미한다. 부엌 부뚜막의 불을 수호하는 신이다. 원래 중국 도교에서 유래한 신이다. 일반 가정에서는 집안의 일을 상제(上帝)에게 보고하는 날로 여기는 12월 23일에 조왕신을 제사 지낸다. 사원에서는 아침 풍경(諷經) 후에 조왕신을 향해서 독경을 한다.

21 사원에서 금전이나 곡물의 출납을 담당하는 부사(副寺) 아래에 속한 직책이다. 일본어로는 '구스(くす)'로 읽는다.

아야 한다. 전좌는 밤낮을 가리지 않고 식재료가 자신의 마음속에서 떠나지 않고, 혹은 자신의 마음을 그 식재료에 쏟아 부어 떠나지 않도록 한다. 전좌의 마음과 음식이 일체가 되어, 혼을 담아서 전좌의 직무를 다하도록 정진 수행한다.

제7장 재료를 소중하게 시간을 유용하게

삼경이전 관명효사 삼경이래 관주죽사
三更以前，管明曉事，三更以來，管做粥事。

당일죽료 세과증반 조갱
當日粥了，洗鍋蒸飯，調羹。

여침재미 전좌막리수가변 명안친견 불비일립
如浸齋米，典座莫離水架邊，明眼親見，不費一粒。

여법도태 납과소화증반
如法淘汰，納鍋燒火蒸飯。

고운 증반 과두위자두 도미 지수시신명
古云，蒸飯，鍋頭爲自頭，淘米，知水是身命。

증료반 변수반라이 급수반통안대반상
蒸了飯，便收飯籮裏，及收飯桶安擡槃上。

조변채갱등 응당증반시절
調辨菜羹等，應當蒸飯時節。

전좌친견반갱조변처재 혹사행자 혹사노자
典座親見飯羹調辨處在，或使行者，或使奴子，

혹사화객 교조집물
或使火客，敎調什物。

근래대사원유반두갱두
近來大寺院有飯頭羹頭。

연이시전좌소사야
然而是典座所使也。

고시무반두갱두등 전좌일관
古時無飯頭羹頭等，典座一管。

전좌(典座)는 삼경(三更)[22] 이전까지는 본인도 수행에 전념하여 도리를 깨우치도록 전념하고, 삼경 이후에는 아침에 먹을 죽을 준비하기 시작한다. 그 날 아침 식사가 끝나면 냄비를 씻고, 이어서 점심밥을 짓고, 국물 등의 반찬을 준비한다. 전좌는 점심 쌀을 물에 씻을 때에 결코 쌀 씻는 곳에서 벗어나지 말고 밝은 눈으로 잘 살펴보아, 쌀 한 톨이라도 소홀히 해서는 안 된다. 정해진 방식에 따라서 쌀을 씻고 솥에 넣어서 불을 지펴 밥을 짓는다. 고인이 이르기를 "밥을 지을 때에는 솥을 자신이라고 생각하고 쌀을 씻을 때에는 물을 자신의 생명으로 여기라."라고 하였다.

밥을 다 지었으면 여름에는 대나무로 만든 밥통에 넣고, 겨울에는 그냥 밥통에 넣어서 밥통 받침대 위에 올려놓는다. 부식이나 국물을 준비하는 것은 밥을 짓고 있을 때에 동시에 한다. 전좌는 밥이나 반찬을 준비하는 장소를 자신이 지켜보면서, 전좌 밑에서 일하는 사람이나 고용인 그리고 낫때는 인부를 부려서 점심에 필요한 것을 갖추도록 한다. 요즈음 큰 사원에는 오로지 밥만을 맡아서 하는 반두(飯頭)[23]와 부식을 담당하는 갱두(羹頭)[24]라는 전문적인 담당자가 있다. 그렇지만 이들은 본래 전좌의 지시에 따르는 보조자

22 하룻밤을 오경(五更)으로 나눈 세 번째 시각으로 밤 12시 무렵을 말한다.

23 사원에서 죽과 밥을 짓는 책임자이다.

24 사원에서 부식과 반찬 종류를 조리하는 책임자이다.

였다. 그리고 옛날에는 밥 담당이니 부식 담당이 없었고, 식사 준비를 전적으로 전좌 혼자서 맡아서 했다.

제8장　전좌의 마음 쓰기

범조　변물색　막이범안관　막이범정념
凡調，辨物色，莫以凡眼觀，莫以凡情念。

염일경초건보왕찰　입일미진전대법륜
拈一莖艸建寶王刹，入一微塵轉大法輪。

소위종작보채갱지시　불가생혐염경홀지심
所謂縱作莆菜羹之時，不可生嫌厭輕忽之心，

종작두유갱지시　불가생희약환열지심
縱作頭乳羹之時，不可生喜躍歡悅之心。

기무탐저　하유악의
既無耽著，何有惡意。

연즉수향추전무태만　수봉세미유정진
然則雖向麁全無怠慢，雖逢細彌有精進。

절막수물이변심야　순인이개사
切莫遂物而變心也，順人而改詞。

시비도인야
是非道人也。

여지지심　서기정결승우고인　심세초우선로
勵志至心，庶幾淨潔勝于古人，審細超于先老。

모든 식사를 조리하고 준비할 때는, 범부(凡夫)의 견식으로 사물을 보고, 대충하는 심정으로 일을 해서는 안 된다. 그저 채소 한 포기를 손에 잡는 일일지라도, 그 일에 불도(佛道)를 실현하도록 하고, 미진(微塵)과 같은 좁은 일터에서도 위대한 불법을 설파하도록 한다.

비록 흔한 채소 잎을 사용하여 국물이나 반찬을 만들 적에도 그 일을 싫어하거나 대충하고자 하는 마음이 일어나서는 안 된다. 또한 예를 들어 우유가 들어가는 고급스러운 음식을 만들 적에도, 그 재료에 휘둘려서 기뻐하거나 들뜬 마음이 일어나서는 안 된다고 일컫는다. 그런데 이미 어떤 재료가 되었든, 그 재료에 집착하는 마음이 사라진 이상은 어찌 재료를 꺼리거나 소홀히 하는 마음이 생기겠는가. 그렇기 때문에 얼핏 흔해 빠진 식재료를 다루게 되더라도, 결코 게으름을 피우는 마음이 없어야 하고, 고급스러운 식재료를 사용하여 음식을 만드는 일이 있어도, 더욱 맛있는 음식을 만들고자 애쓰는 법이다. 결코 식재료의 좋고 나쁨에 휘둘려서 그에 대한 자신의 마음가짐이 변하거나, 대하는 사람에 따라서 말투가 바뀌어서는 안 된다. 이런 일을 한다면 수행에 정진하는 사람의 소행이라고는 할 수 없다. 전좌(典座)는 분발하는 마음으로 최선을 다해서 직책을 맡고, 부디 옛 시대의 전좌들보다도 더욱 청정한 식사를 수행승들에게 공양하고, 선인들보다도 더욱 세심한 마음가짐으로 이 일을 수행하길 바란다.

제9장 전좌의 수행

기 운 심 도 용 위 체 자 고 선 종 득 삼 전 이 작 보 채 갱
其運心道用爲體者，古先縱得三錢而作莆菜羹，

금 오 동 득 삼 전 이 작 두 유 갱
今吾同得三錢而作頭乳羹。

차 사 난 위 야
此事難爲也。

소 이 자 하
所以者何。

금 고 수 이 천 지 현 격 기 득 재 견 자 재
今古殊異，天地懸隔，豈得齋肩者哉。

연 이 심 세 변 긍 지 시 하 시 고 선 지 리 정 유 지 야
然而審細辨肯之時，下視古先之理，定有之也。

차 리 필 연 유 미 명 료 사 의 분 비 혜 여 기 야 마
此理必然，猶未明了，思議紛飛兮如其野馬，

정 념 분 치 혜 동 어 림 원 야
情念奔馳兮同於林猿也。

야 사 피 원 마 일 단 퇴 보 반 조 자 연 타 성 일 편
若使彼猿馬，一旦退步返照，自然打成一片。

시 급 피 물 지 소 전 능 전 기 물 지 수 단 야
是及被物之所轉，能轉其物之手段也。

여 차 조 화 정 결 물 실 일 안 양 안
如此調和淨潔，勿失一眼兩眼。

염 일 경 채 작 장 육 신
拈一莖菜作丈六身。

청 장 육 신 작 일 경 채 신 통 급 변 화 불 사 급 이 생 자 야
請丈六身作一莖菜，神通及變化，佛事及利生者也。

이 조 조 료 이 변 변 득 간 나 변 안 저 변
已調，調了已辨，辨得看那邊安這邊。

명 고 명 종 수 중 수 참 조 모 청 참 일 무 휴 궐
鳴鼓鳴鐘，隨衆隨參，朝暮請參，一無虧闕。

전좌(典座)가 분발하고 불도를 추구하는 마음가짐이란 다음과 같다. 옛날 뛰어난 덕을 지닌 사람들이 예를 들어 삼 전(錢)으로 그저 평범한 요리를 만들었더라도, 이제 나는 같은 삼 전 돈으로 훌륭한 요리를 만들겠다는 마음가짐이다. 이런 일을 하기는 매우 어렵다. 왜 그러한가. 지금 사람들이 뒤떨어지고 옛사람들이 뛰어났던 점은 마치 하늘과 땅처럼 많은 차이가 난다. 그 때문에 어찌 뒤떨어진 지금 사람들이 뛰어난 옛사람들과 어깨를 나란히 할 수 있겠는가. 그렇지만 세심하게 마음을 쓰고 잘 생각해보면, 분명 옛사람을 뛰어넘는 일이 가능할 터이다. 이 같은 일이 가능함에도 그 방법을 아직 잘 모른다면, 결국은 잡스러운 생각이 들판을 뛰어다니는 말처럼 어지럽게 흩어져 억누를 수가 없다. 또한 망상이 숲속을 날아다니는 원숭이처럼 자유분방하게 내달리게 되고 만다. 만약 그 숲속을 날아다니는 원숭이나 들판을 뛰어다니는 말과 같은 망령된 행동이나 외부 사물을 향한 잡념에서 벗어나 어느 시점에서 내부를 향해 깊이 반성한다면, 저절로 자타(自他)를 구별하는 마음이 스스로 없어지고 진실한 한 가지 마음이 될 것이다.

이 점이야말로 마음이 외계의 영향을 받을지라도 외계에 끌려가지 않고 응히 외계의 사물을 제어하는 방법이다. 이와 같이 마음과 외계가 잘 조화되어 사물의 좋고 나쁨을 구별하는 마음도 완전히 청정하게 하고, 일척안(一隻眼)[25]이라고 하는 고소(高所) 대소(大所)에서 사물을 보는 뛰어난 견식과 함께, 현실의 사물을 제대로 파악하는 일반적인 육안(肉眼)도 필요하다. 하나의 채소를 손에 들고 장육(丈六)[26]의 법신(法身)처럼 충분히 활용하고, 장육의 법신을 하나의 채소에 담아서 이를 소중하게 사용하는 것이 가능하다면, 이것이야말로 진정한 신통력이다. 이는 또한 전좌의 자유자재한 능력이고 부처님의 역할인 교화(敎化)이며, 모든 사람들을 위한 이익이 된다.

식사할 준비를 하며 다 갖추고, 다 갖추었으면 여기저기 잘 살펴서 음식을 놓아둘 곳에 놓아둔다. 그리고 불교의 가르침을 받는 의식인 소참(小參)[27]을 알리는 북이 울리거나 개인적인 질문을 행하는 입실을 알리는 종이 울리거든 다른 수행승들과 함께 행동한다. 그리고 스승의 개인적인 지도를 받으면서, 아침저녁으로 행하는 지도자의 가르침 어느 하나도 빠짐없이 출석하도록 한다.

25 육안(肉眼)으로는 보이지 않는 진실을 꿰뚫어 보는 심안(心眼)을 의미한다.

26 부처의 신체를 의미한다. 부처는 보통 사람과는 다른 뛰어난 신체적 특징을 지녔다고 한다. 그 중에 한 가지가 인간의 신장 팔 척(尺)의 두 배가 되는 일 장(丈) 육 척이다. 일반적으로 장육불(丈六佛)이라고 부른다.

27 '參'이란 스승을 따라서 법문을 듣는다는 의미이다. 상당(上堂)과 소참(小參)·야참(夜參) 두 가지가 있다. 전자는 일동이 모여서 정기적으로 행하는 공개적인 설법이고, 후자는 개인적으로 질의를 하며 지도를 받는다.

제10장 음식의 수량을 확인

각래저리 직수폐목 체관당리기원단위 전자근구
却來這裏，直須閉目，諦觀堂裏幾員單位，前資勤舊，

독료등기승 연수안노료가등승유기개인
獨寮等幾僧，延壽安老寮暇等僧有幾箇人，

단과기판운수 암리다소피대
旦過幾板雲水，菴裏多少皮袋。

여차참래참거 여유섬호의시 문타당사
如此參來參去，如有纖毫疑猜，問他堂司，

급제료두수요주요수좌등
及諸寮頭首寮主寮首座等。

소래의변상량 끽일립미 첨일립미 분득일립미
銷來疑便商量，喫一粒米，添一粒米，分得一粒米，

각득양개반립미
却得兩箇半粒米。

삼분사분일반량반
三分四分一半兩半。

첨타양개반립미 변성일개일립미
添他兩箇半粒米，便成一箇一粒米。

우첨구분 잉견기분 금수구분 견타기분
又添九分，剩見幾分，今收九分，見他幾分。

끽득일립노능미 변견위산승 첨득일립노능미
喫得一粒盧陵米，便見潙山僧，添得一粒盧陵米，

우견수고우
又見水牯牛。

수고우끽위산승 위산승목수고우
水牯牛喫潙山僧，潙山僧牧水牯牛。

오양득야미
吾量得也未。

이산득야미 검래점래 분명분효 임기편설
儞算得也未，檢來點來，分明分曉，臨機便說，

대 인 즉 도
對人即道。

차 임 공 부 일 여 이 여 이 일 삼 일 미 가 잠 망
且恁功夫，一如二如，二日三日，未可暫忘。

시 주 입 원 사 재 설 재 역 당 제 지 사 일 등 상 량
施主入院，捨財設齋，亦當諸知事一等商量。

시 총 림 구 례 야
是叢林舊例也。

회 물 표 산 동 공 상 량
囘物俵散，同共商量。

부 득 침 권 난 직 야
不得侵權亂職也。

전좌(典座)는 자기 방으로 돌아오거든 곧바로 눈을 감고 승당(僧堂)[28] 안에 몇 사람이 앉을 자리가 있으며, 현재 그곳에는 몇 사람이 기거하고 있는지, 선배나 노사(老師)님들 혹은 혼자 쓰는 방을 가지고 있는 직책을 맡은 승려[29]는 몇 명인지를 헤아려본다. 또한 요양을 위한 기숙 시설인 연수당(延壽堂)[30]이나 노승이 기거하고 계시는 시설 혹은 잠깐 임시로 기숙하며 수행 중인 승려는 몇 명인지를 헤아린다. 그리고 떠돌이 승려의 숙박을 위한 시설인 단과료(旦過寮)[31]에는 몇 명의 행각승이 있는지, 절 경내의 탑두(塔頭)나 작은 암자에는 몇 사람이나 생활하고 있는지를 잘 파악한다.

이처럼 절 안에 있는 사람들의 수를 몇 번이고 반복하여 헤아려서, 혹시 조금이라도 사람 수가 분명하지 않은 점이 있으면, 승당

---

28 사원에서 승려들이 좌선·식사·수면을 하는 장소이다. 수행승이 일상생활을 영위하는 공간인 동시에 수행을 위한 중심적인 도량 공간이다. 내당(內堂)과 외당(外堂)으로 나누어 구분한다.

29 혼자서 쓰는 방을 독료(獨寮)라고 한다. 본문에서 언급한 바와 같이, 지사(知事)와 같은 책임 있는 직책을 맡은 승려는 개인적인 방을 사용하였다. 이에 비해서 일반 수행승들은 승당에서 공동으로 생활하였다.

30 연수원(延壽院) 또는 연수료(延壽寮)라고도 한다. 수행승이 병에 걸리면 요양을 위해서 기거하는 방이나 건물이다. 이곳은 승려가 임종을 맞이하는 공간이기도 하다.

31 단과(旦過)는 본래 새의 이름으로, 이 새는 같은 나뭇가지에 두 번 머물지 않는다고 전해진다. 단과료는 떠돌아다니며 수행하는 승려가 하룻밤만 숙박하도록 마련한 시설이다. 보통 저녁에 도착하여 아침에는 떠나도록 정해져 있다. 일본어로는 '단가료(たんがりょう)'라고 읽는다.

을 감독하는 직책인 유나(維那)[32]나 여러 기숙 시설의 책임자인 두수(頭首)[33]나 요주(寮主)[34] 혹은 일반적인 수행승을 단속하는 역할을 맡은 요수좌(寮首座)[35]에게 물어본다.

의문이 해결되고 사람 수를 정확하게 확인하였다면, 다음에는 식사 양에 관해서 내부 사람들과 의논한다. 말하자면 한 톨 분량의 쌀을 먹도록 해야 할 경우에는 한 톨의 쌀을 공급하지만, 한 톨의 쌀을 둘로 나누면 반 톨의 쌀 두 개가 가능하다는 점도 명심한다. 이처럼 쌀 한 톨은 세 톨로 나눌 수도 있고 네 톨로 나눌 수도 있어서, 반 톨을 한 톨로 사용할 수도 있고 반 톨을 두 톨로 사용할 수도 있다. 다시 말하자면 두 개의 반 톨 쌀을 별도로 나누어 공급한다면, 한 톨 분량의 쌀을 공급한 셈이 되는 방법이다. 또한 수행승들이 먹는 구 할을 공급했다면 이제 어느 정도 남아있는지, 게다가 지금 여기에다 구 할을 수납한다면 전체적으로 어느 정도가 되

32 유나의 '維'는 통괄한다는 의미이고 '那'는 범어 karmadāna의 음역이다. 사원에서 사무를 담당하는 직책이다.

33 지사(知事)는 주로 사원의 경영에 관한 사무를 담당하는 직책이라면, 두수는 수행 생활면에서 지도를 맡은 직책이다. 수좌(首座)·서기(書記)·장주(藏主)·지욕(知浴)·지전(知殿)·지객(知客)이라는 육두수(六頭首)가 있다.

34 중료(衆寮) 안에서 수행승의 의발(衣鉢)이나 소유물의 관리를 맡은 책임자이다. 중료는 승려들이 경전을 읽거나 의복을 수선하며, 저녁 식사를 하고 차를 마시는 공간이다.

35 중료의 관리나 여기서 행하는 행사 일체에 관한 전체적인 책임자이다.

는가를 잘 유의해서 조사해 둔다.

수행승들은 한 톨의 맛있는 노능미(盧陵米)[36]로 전좌의 마음이 담긴 식사를 하고, 거기서 저 위산(潙山) 영우선사(靈祐禪師)[37]로 대표되는 훌륭한 도심(道心)을 갖춘 전좌의 마음을 느낀다. 전좌는 마음을 담아서 준비한 식사를 공급하며, 수고우(水牯牛)[38]에 비유하는 발랄하고 활달한 수행승들을 자애롭게 지켜본다. 수고우인 수행승은 위산승(潙山僧) 즉 전좌의 공양을 마음껏 먹고, 전좌는 수행승을 위해서 마음을 다한 식사를 준비하여, 수행승이 안심하고 수행에 정진하도록 힘쓴다. 전좌는 스스로 식사를 하는 사람 수와 쌀의 양을 파악했는지 어떠한지, 전좌가 의논한 상대방도 제대로 파악했는지 어떠한지를 반복하여 점검해야 한다. 잘 파악한 후에, 그 때 그 때 상대방에게 적절하게 지시를 내리고 설명을 한다. 그리하여 이처럼 전좌의 직책에 정진할 것, 오직 그 같은 일을 매일 계속하고, 이 마음가짐을 잠시라도 잊어서는 안 된다.

---

36 여기서 노능(盧陵)은 지명으로 중국 강서성(江西省) 길주(吉州) 노능현(盧陵縣)이다. 이곳은 토지가 비옥하여 좋은 쌀이 생산된다. 노능미는 전좌의 마음이 담긴 맛좋은 식사를 의미한다.

37 앞의 역주 4)를 참조. 여기서는 뛰어난 전좌의 사례로 언급하였다.

38 거세한 물소를 말한다. 영우선사가 임종하면서 내세에 동물로 태어나서 사람에게 길러지며, 스스로 진흙을 뒤집어쓰고 물에 젖어서 인간을 위하여 진력하겠다고 서원(誓願)을 한 고사에 근거한 표현이다. 전좌의 마음이 담긴 음식을 들며 수행하는 수행승을 의미한다.

사원을 원조하는 사람이 절에 와서 정재(淨財)를 희사하여 수행승들에게 점심을 공양하는 경우에도, 마찬가지로 다른 지사(知事)들과 함께 의논한다. 이는 수행 도량에서 예부터 지켜온 관행이다. 원조하는 사람이 보시를 한 물품을 수행승들에게 분배할 때도, 역시 함께 의논한다. 전좌가 다른 지사의 권한을 범하고 직책을 어지럽게 하는 일을 해서는 안 된다.

제11장 승려의 식사법

재죽 여법변료 안치안상 전좌탑가사 전좌구

齋粥，如法辨了，安置案上，典座搭袈裟，展坐具，

선망승당 분향구배 배료급발식야

先望僧堂，焚香九拜，拜了及發食也。

경일일야 조변재죽 무허도광음

經一日夜，調辨齋粥，無虛度光陰。

유실배비 거동시위 자성성태장양지업 퇴보번신

有實排備，擧動施爲，自成聖胎長養之業，退歩飜身，

변시대중안락지도야

便是大衆安樂之道也。

이금아일본국 불법명자 문래기구

而今我日本國，佛法名字，聞來己久，

연이승식여법작지언 선인부기 선덕불교

然而僧食如法作之言，先人不記，先德不教。

황호승식구배지례 미몽견재

況乎僧食九拜之禮，未夢見在。

국인위 승식지사 승가작식법지사 완여금수

國人謂，僧食之事，僧家作食法之事，宛如禽獸。

식법실가생련 실가생비

食法實可生憐，實可生悲。

여하 하약

如何，何若。

점심이나 아침에 먹는 죽의 준비가 정해진 대로 갖추어지면, 그것을 부엌 앞에 있는 밥 받침대 위에 놓는다. 전좌(典座)는 가사를 몸에 걸치고 좌구(坐具)를 깔고서, 우선 부엌에서 승당 쪽을 향해서 향을 태우고 아홉 번 절을 한다. 아홉 번의 배례가 끝나면 승당으로 식사를 운반한다.

이와 같이 전좌는 하루 밤낮으로 점심이나 조식을 갖추어 준비하는 일에 전념하여, 시간을 허비하는 일이 없도록 해야 한다. 참된 마음을 담아서 식사 준비를 한다면, 전좌의 행동 모든 것이 저절로 부처님으로서의 피육(皮肉)과 골수(骨髓)를 양육해 가는 행위가 된다. 스스로 되돌아보며 자신의 수행에 정진하는 것은, 바꾸어 말하자면 수행승들이 안심하고 수행에 정진할 수 있는 길이기도 하다.

그런데 현재 일본의 실정을 살펴보면, 분명 불법이라는 말을 듣게 된 세월이 오래되었음에도 불구하고, 수행승의 식사를 정해진 예법대로 준비하는 일에 관해서는 옛날 사람들이 아무것도 기록해 두지 않았다. 그리고 옛날 훌륭했던 분들은 아무것도 가르쳐주지 않았다. 하물며 수행승이 먹는 식사를 대하며, 전좌가 향을 피우고 아홉 번 배례한 후에 보내는 정중한 예법은 아직까지 꿈에서도 볼 수 없는 일이었다. 일반적인 일본인은 수행승의 음식이나 사원에서 식사를 준비하는 예법에 관해서는 마치 '새'나 '짐승'이 먹는 것처럼, 하찮게 여겼다. 식사 예법에 관해서도 실로 한심하기 그지없고 서글픈 일이다. 도대체 어떻게 하면 좋을 것인가.

제12장 중국으로 유학한 일본 승려의 체험

1. 타인은 내가 아니다

산 승 재 천 동 시 본 부 용 전 좌 충 직
山僧在天童時，本府用典座充職。

여 인 재 파 과 동 랑 부 초 연 재 지 노 차
予因齋罷，過東廊赴超然齋之路次，

전 좌 재 불 전 전 쇄 태
典座在佛殿前晒苔。

수 휴 죽 장 두 무 편 립
手携竹杖，頭無片笠。

천 일 열 지 전 열 한 류 배 회 여 력 쇄 태 초 견 고 신
天日熱，地甎熱，汗流徘徊，勵力晒苔，稍見苦辛。

배 골 여 궁 용 미 사 학
背骨如弓，龍眉似鶴。

산 승 근 전 변 문 전 좌 법 수
山僧近前，便問典座法壽。

좌 운 육 십 팔 세
座云，六十八歲。

산 승 운 여 하 불 사 행 자 인 공
山僧云，如何不使行者人工。

좌 운
座云。

타 불 시 오
他不是吾。

산 승 운 노 인 가 여 법
山僧云，老人家如法。

천 일 차 임 열 여 하 임 지
天日且恁熱，如何恁地。

좌 운　갱 대 하 시
座云，更待何時。

산 승 갱 휴
山僧更休。

보 랑 각 하　잠 각 차 직 지 기 요 의
步廊脚下，潛覺此職之機要矣。

내가 중국에 유학하여 천동산(天童山)[39]에서 수행하고 있을 때에, 그 지역 영파부(寧波府) 출신의 용(用)이라는 분이 전좌(典座) 직책을 맡고 있었다. 나는 점심을 끝내고 동쪽 복도를 통해서 초연재(超然齋)[40]라는 방으로 가려던 도중이고, 용 전좌는 불전(佛殿)[41] 앞에서 해조류를 말리고 있었다. 그 모습을 보니 손에는 대 지팡이를 들고 머리에는 삿갓조차 쓰지 않았다. 태양이 무덥게 내리쬐고 깔아 놓은 기와도 태울 듯이 더웠지만, 그 전좌는 땀을 비 오듯이 흘리고 걸으면서, 일심(一心)으로 해조류를 말리고 있어서 매우 지쳐 보였다. 등뼈가 활처럼 굽어 있고 큰 눈썹은 마치 학처럼 희었다.

나는 옆에 다가가서 그 전좌의 나이를 물었다. 그러자 전좌는 육십팔 세라고 대답하였다. 나는 다시 어찌하여 그 나이에 전좌가 부리는 아랫사람이나 고용인을 시키지 않느냐고 물었다. 전좌는 타인이 한 일은 내가 한 일이 되지 않는다고 대답하였다. 나는 "노승께서 말씀하시는 것이 옳습니다. 그렇지만 태양이 이처럼 뜨거운데

39 일명 태백산(太白山)이라고 한다. 중국 강서성(江西省) 영파부(寧波府)에 있다. 이곳에 중국 오산(五山) 제3위 경덕사(景德寺)가 위치한다. 경덕사는 천동사(天童寺)라고 부르기도 한다.

40 '齋'는 방이라는 의미이다. 천동산 내에 위치한 여러 당(堂) 중의 하나이다.

41 선종 사원의 칠당가람(七堂伽藍)의 중심이 되는 건물로 중앙에 석가모니불을 안치한다. 칠당가람은 일본의 사원에서 특히 중요한 일곱 건물로 법당(法堂), 불전(佛殿), 승당(僧堂), 고원(庫院), 산문(山門), 동사(東司), 욕실(浴室) 등이다.

어찌하여 일부러 이 시간에 일을 하시는 겁니까?"하고 물었다. 전좌는 해조류를 말리기 위해서는 지금 이 시간이 가장 적당하다고 대답하였다. 이 시간을 놓치면 언제 하겠느냐고 덧붙였다. 이 말을 듣고 나는 더 이상 물을 수가 없었다. 나는 복도를 걸으면서 전좌 직책이 얼마나 중요한 가를 마음속에 새겼다.

2. 전좌의 수행

우 가 정 십 육 년 계 미 오 월 중　재 경 원 박 리　왜 사 두 설 화 차
又嘉定十六年癸未五月中，在慶元舶裏，倭使頭說話次，

유 일 노 승 래
有一老僧來。

연 육 십 허 세
年六十許歲。

일 직 변 도 박 리　문 화 객 토 매 왜 심
一直便到舶裏，問和客討買倭椹。

산 승 청 타 끽 차　문 타 소 재　변 시 아 육 왕 산 전 좌 야
山僧請他喫茶，問他所在，便是阿育王山典座也。

타 운　오 시 서 촉 인 야
他云，吾是西蜀人也。

이 향 득 사 십 년　금 년 시 육 십 일 세
離鄉得四十年，今年是六十一歲。

향 래 조 력 제 방 총 림
向來粗歷諸方叢林。

선 년 권 주 고 운 리　토 득 육 왕 괘 탑　호 란 과
先年權住孤雲裏，討得育王掛搭，胡亂過。

연 거 년 해 하 료　충 본 사 전 좌
然去年解夏了，充本寺典座。

명 일 오 일　일 공 혼 무 호 끽
明日五日，一供渾無好喫。

요 작 면 즙
要作麵汁。

미 유 심 재
未有椹在。

잉 특 특 래 토 심 매　공 양 시 방 운 납
仍特特來討椹買，供養十方雲衲。

산 승 문 타
山僧問他。

기시이피
幾時離彼。

좌운 재료
座云，齋了。

산승운 육왕거저리유다소로
山僧云，育王去這裏有多少路。

좌운 삼십사오리
座云，三十四五里。

산승운
山僧云。

기시회사리거야
幾時廻寺裏去也。

좌운 여금매심료변행
座云，如今買椹了便行。

산승운 금일불기상회 차재박리설화 기비호결연호
山僧云，今日不期相會，且在舶裏說話，豈非好結緣乎。

도원공양전좌선사
道元供養典座禪師。

좌운 불가야
座云，不可也。

명일공양 오약불관 변불시료야
明日供養，吾若不管，便不是了也。

산승운 사리하무동사자리회재죽호
山僧云，寺裏何無同事者理會齋粥乎。

전좌일위부재 유집마흠궐
典座一位不在，有什麼欠闕。

좌운 오노년장차직 급모급지판도야
座云，吾老年掌此職，及耄及之辨道也。

하이가양타호
何以可讓他乎。

우 래 시 미 청 일 야 숙 가
又來時未請一夜宿暇。

산 승 우 문 전 좌 좌 존 년 하 부 좌 선 판 도 간 고 인 화 두
山僧又問典座，座尊年，何不坐禪辨道，看古人話頭，

번 충 전 좌
煩充典座。

지 관 작 무
只管作務。

유 심 호 사
有甚好事。

좌 대 소 운 외 국 호 인 미 료 득 판 도 미 지 득 문 자 재
座大笑云，外國好人，未了得辨道，未知得文字在。

산 승 문 타 임 지 화 홀 연 발 참 경 심 변 문 타
山僧聞他恁地話，忽然發慚驚心，便問他。

여 하 시 문 자 여 하 시 판 도
如何是文字，如何是辨道。

좌 운 약 불 차 과 문 처 기 비 기 인 야
座云，若不蹉過問處，豈非其人也。

산 승 당 시 불 회
山僧當時不會。

좌 운 약 미 료 득 타 시 후 일 도 육 왕 산
座云，若未了得，他時後日，到育王山。

일 번 상 량 문 자 도 리 거 재
一番商量文字道理去在。

임 지 화 료 변 기 좌 운 일 안 료 망 거
恁地話了，便起座云，日晏了，忙去。

변 귀 거 료 야
便歸去了也。

또한 가정(嘉定) 16년(1223) 5월 무렵에, 내가 명주(明州) 경원부(慶元府) 영파(寧波)에 있는 항구의 배 안에서, 일본 배의 선장과 이야기를 나누고 있을 때에 노승 한 명이 다가왔다. 나이는 60세 정도 되어보였다. 그 노승은 곧장 내가 타고 있는 배 안으로 와서 일본에서 온 사람에게서 일본산 오디를 샀다. 나는 그 노승을 초대하여 차를 대접했다. 그리고 그 노승이 살고 있는 곳을 물었더니 아육왕산(阿育王山)[42] 광리사(廣利寺)[43]의 전좌(典座)였다.

노승은 다음과 같이 말하였다. "나는 서촉(西蜀) 출신이오. 고향인 촉을 떠난 지 40년이 되었고, 지금 나이는 61세라오. 이제까지 여기저기 수행 도량에서 수행을 하였다오. 지난해에 고운(孤雲) 권 선사(勸禪師)[44]가 주지를 하고 있을 무렵에 아육왕사(阿育王寺)[45]를 방문하게 되어, 그곳으로 입문하여 그럭저럭 무료하게 지내고 있었다오. 그러다가 작년에 하안거(夏安居)[46]가 끝난 후에 아육왕사의 전좌에 임명되었소. 내일은 특별한 설법을 하는 '오일(五日)'[47]이라서 수

---

42 육왕산(育王山)으로 줄여서 말하기도 한다. 중국 절강성(浙江省) 영파부(寧波府) 근현의 동쪽에 위치한다. 산하에 중국 오산(五山)의 제5위 아육왕사(阿育王寺)가 있다.

43 앞서 나온 아육왕사(阿育王寺)의 별칭이다.

44 광리사의 주지 고운(孤雲)을 가리킨다. 임제종(臨濟宗) 대혜파(大慧派) 불조덕광(佛照德光)의 제자이다.

45 앞의 역주 42)를 참조.

46 승려들이 하기 삼 개월 동안 엄격한 규율을 지키며 행하는 수행이다.

행승들에게 무언가 맛있는 것을 대접하고 싶은데, 기뻐할 만한 것이 아무것도 없소. 맛있는 수제비를 만들고 싶은데 식재료인 오디가 절에 없었소. 그 때문에 이렇게 일부러 일본 배를 찾아가서 오디를 사서, 여러 곳에서 모인 행각승들에게 공양하려는 것이라오." 나는 언제쯤에 아육왕사를 출발하였느냐고 물었다. 그 전좌는 점심 식사를 끝내고 나서 출발했다고 한다. 나는 아육왕사는 여기서 얼마나 걸리느냐고 물었다. 전좌는 사십사오 화리(華里, 약 19킬로미터)라고 대답했다.

나는 다시 언제쯤 절에 돌아 갈 것인지를 물었다. 전좌는 이제 오디도 샀으니까 바로 돌아가겠다고 한다. 나는 "오늘 뜻밖에도 당신을 만날 수 있었고, 게다가 배에서 여러 가지 이야기를 나눌 수 있었습니다. 이는 무엇보다 좋은 인연이 아니겠습니까? 제가 당신께 무언가 식사를 대접하겠습니다."라고 말했다. 그러자 전좌는 "그건 어렵습니다. 만약 내가 행각승들이 내일 먹을 식사 공양을 관리 감독하지 않는다면, 분명 제대로 되지 않을 것이오."라고 대답했다. 나는 "아육왕사에는 식사 준비를 해줄 다른 분들이 없지 않겠지요? 당신 한 사람이 없어도 지장이 없지 않겠습니까?"하고 물었다. 전좌는 "나는 이처럼 나이가 들어서 전좌 직책을 맡게 되

47 선종 사원에서 5일 간격으로 행하는 오참상당(五參上堂)을 의미한다. 매월 1일, 5일, 15일, 20일, 25일 6회에 걸쳐 주지가 법당의 수미단(須彌壇)에 올라서 수행승을 위해서 설법한다.

었는데, 이 일이야말로 노인도 할 수 있는 불도 수행이지요. 어떻게 이 전좌 일을 다른 사람에게 맡길 수가 있겠소. 그리고 아육왕사를 떠나 올 때에 하룻밤 외박을 위한 허가를 받지 않았습니다." 라고 대답했다.

나는 다시 전좌에게 물었다. "그대는 어찌하여 그 나이에 스스로 전좌 수행에 힘쓰고, 선인들의 불도 수행에 관한 일화를 읽지 않으시는 겁니까? 번잡스러운 전좌 직책을 맡아서 그 일에 전념하면 도대체 어떤 좋은 일이 있을까요?" 노승 전좌는 그 말을 듣고서 크게 웃으며 대답했다. "외국에서 오신 그대여! 그대는 아직 판도(辨道)[48] 수행이 무엇인지를 잘 모르는군요. 또한 문자(文字)[49]가 무엇인지도 아직 모르는 것 같군요." 나는 전좌의 이 말을 듣고서 저절로 부끄러운 마음이 들고, 마음 깊이 느끼는 바가 있어서 곧장 전좌에게

48 '辨'은 보통 '변'으로 읽을 때에는 '판별하다'라는 의미로 쓰이며, '판'으로 읽을 때에는 '힘쓰다'라는 의미로 쓰인다. '판도'는 선 수행에 정진한다는 의미이다. 국내에서는 '변도'와 '판도' 양쪽 모두 사용되고 있는데, '판도'로 읽는 것이 타당할 듯하다. 이 점에 관해서는 일본불교사연구소 블로그에 게재된 윤창화님의 <변도(辨道)와 판도(辨道)-우리말 표기, 어떻게 표기해야 맞는가?>라는 글이 도움이 된다. 도겐은 중국 송나라에서 귀국한 후에 『선권좌선의(宣勸坐禪儀)』를 찬술하여 널리 좌선의 종지(宗旨)와 작법(作法)을 설파하였다. 1230년에 『판도화(辨道話)』라는 법어집을 찬술하여, 좌선이 불법의 정문(正門)이며 깨달음을 향한 바른 길이라는 점을 강조하였다.

49 경전(經典)이나 논서(論書)를 총칭하여 말한다. 선종(禪宗)에서는 불립문자(不立文字)라고 하여 경전에 구애받지 않고 이심전심으로 심오한 깨달음에 도달할 수 있다고 하여 좌선의 중요성을 강조한다.

질문하였다. “문자란 도대체 무얼 말하는 것이고, 판도란 또 무얼 의미하는 건가요?” 전좌는 다음과 같이 말했다. “방금 그대가 질문하신 내용을 무심코 잊어버리지 않으신다면, 어찌 문자를 쓰고 판도를 분별하는 사람이라고 하지 않을 수가 있겠소.” 나는 그 당시 이 노승 전좌가 말하는 의미를 이해하지 못하였다. 전좌가 이어서 말했다. “만약 그대가 내 말을 이해하지 못하였다면, 이후 어느 날엔가 아육왕사로 찾아오시오. 한번 문자의 도리가 무엇인지를 같이 이야기해보지요.” 이 말을 남기고서 전좌는 날이 저물었으니 서둘러 돌아가야겠다고 일어섰다. 그리하여 곧장 돌아가고 말았다.

3. 문자와 판도의 참된 뜻

동년칠월간 산승괘석천동
同年七月間，山僧掛錫天童。

시피전좌래득상견운 해하료퇴전좌귀향거
時彼典座來得相見云，解夏了退典座歸鄉去。

적문형제설노자재개리
適聞兄弟說老子在箇裏。

여하불래상견
如何不來相見。

산승희용감격 접타설화지차 설출전일재박리
山僧喜踊感激，接他說話之次，說出前日在舶裏，

문자판도지인연
文字辨道之因緣。

전좌운 학문자자 위지문자지고야
典座云，學文字者，爲知文字之故也。

무판도자 요긍판도고야
務辨道者，要肯辨道故也。

산승문타 여하시문자
山僧問他，如何是文字。

좌운 일이삼사오
座云，一二三四五。

우문 여하시판도
又問，如何是辨道。

좌운 편계불회장
座云，徧界不會藏。

기여설화 수유다반 금소불록야
其餘說話，雖有多般，今所不綠也。

산승요지문자료판도 급피전좌지대은야
山僧聊知文字了辨道，及彼典座之大恩也。

향래일단사 설사선사전공 공심수희이이
向來一段事，說似先師全公，公甚隨喜而已。

같은 해 1223년 7월에 나는 정식으로 천동산(天童山) 경덕사(景德寺)[50]에 머무르며 수행하였다. 이 때 영파(寧波)에 있는 항구의 배 안에서 만났던 노승 전좌(典座)가 찾아와서 나를 보고 다음과 같이 말했다. "여름 동안의 수행 기간은 끝났으므로 나는 전좌 직책을 그만두고 고향인 촉(蜀)나라로 돌아가고자 하오. 마침 함께 수행하고 있던 도반(道伴)이 그대가 여기 머물러있다는 이야기를 해주어서 만나기 위해 찾아왔다오." 나는 뛸 듯이 기뻤으며 깊은 감명을 받았다.

그 전좌를 대접하며 여러 가지 이야기를 나누다가, 화제가 이전에 배 안에서 나눈 '문자(文字)'[51]와 '판도(辨道)'[52]에 관한 문답에 이르렀다. 노승 전좌는 이렇게 말하였다. "문자를 배우고자 하는 자는 문자의 진정한 의미를 알고자 하는 사람이다. 좌선 수행에 힘쓰는 자는 좌선 수행의 진정한 의미를 알고자 추구하는 사람이다." 나는 전좌에게 "문자라는 것은 도대체 어떤 것입니까?"하고 물었다. 노승 전좌는 "일, 이, 삼, 사, 오"라고 대답했다. 나는 다시 "판도란 도대체 무엇입니까?"라고 물었다. 노승 전좌는 "널리 이 세계는 아무것도 감출 것이 없이 모두 드러나 있다."라고 대답했다. 그

50 앞의 역주 39)를 참조.

51 앞의 역주 49)를 참조.

52 앞의 역주 48)을 참조.

외에도 여러 가지 이야기를 했지만 지금은 이를 일일이 기록하지 않겠다. 내가 다소나마 문자의 의미를 알고, 판도 수행이 무엇인가를 알게 된 것은 무엇보다도 저 전좌가 베푼 은혜 덕분이다. 지금은 돌아가신 스승 명전(明全)[53] 스님께 이제까지 있었던 일련의 문답을 말씀드렸더니, 스님은 그저 기뻐하시기만 하였다.

53 1184-1225. 일본의 겐닌지(建仁寺) 묘안 에이사이(明庵榮西)의 제자이다. 도겐의 스승으로 도겐을 데리고 송나라에 유학을 하였으나 병으로 현지에서 사망하였다.

4. 문자의 탐구

산승후간설두유송시승 운 일자칠자삼오자
山僧後看雪竇有頌示僧，云，一字七字三五字，

만상궁래불위거
萬像窮來不爲據。

야심월백하창명 수득려주유다허
夜深月白下滄溟，搜得驪珠有多許。

전연피전좌소운 여금일설두소시 자상부합
前年彼典座所云，與今日雪竇所示，自相符合。

미지 피전좌시진도인야
彌知，彼典座是眞道人也。

연칙 종래소간지문자 시일이삼사오야
然則，從來所看之文字，是一二三四五也，

금일소간지문자 역육칠팔구십야
今日所看之文字，亦六七八九十也。

후래형제 종저두간료나두 종나두간료저두
後來兄弟，從這頭看了那頭，從那頭看了這頭，

작임공부 변료득문자상일미선거야
作恁功夫,便了得文字上一味禪去也。

약불여시 피제방오미선지독 배변승식
若不如是，被諸方五味禪之毒，排辨僧食，

미능득호수야
未能得好手也。

나는 후에 이 문자(文字)라는 것에 대해서 설두(雪竇) 중현선사(重顯禪師)[54]가 시를 지어서 제자들에게 보여주신 것을 읽었다. 그 시는 다음과 같다.

> 한 글자나 일곱 글자, 세 글자나 다섯 글자로 사물을 표현하지만, 그 일체의 사물도 본질을 궁구해보면, 모두 의지할 바가 아니다. 깊은 밤에 바다에 비친 달을 여의주라 착각하고, 건져보려 하지만, 어찌 여의주를 건질 수 있겠는가.

지난해에 저 노승 전좌(典座)와 이야기를 나눌 때에, 전좌가 했던 말의 내용은 지금 보인 설두선사의 시 내용과 저절로 딱 들어맞는다. 이제 보니 저 노승 전좌는 그야말로 진실한 도심(道心)을 지닌 사승(師僧)이었다는 사실을 더욱 알 수 있다.

이러한 까닭에 이제까지 보아온 문자는 일, 이, 삼, 사, 오이지만, 문자가 무엇인가를 알게 된 후에 보는 문자도 역시 육, 칠, 팔, 구, 십으로, 조금도 다름이 없다. 후학 수행자들이여 이쪽에서 저쪽을 보고 저쪽에서 이쪽을 보듯이, 이처럼 간절하게 참된 수행을 거듭하면 문자에도 순수한 선(禪)의 가르침이 있다는 것을 알게 될 것이다. 만약 그러하지 않다면 여러 가지가 뒤섞인 불순한 선의 가르침

54 980-1052. 중국 선종 오가(五家)의 일파 운문종(雲門宗)의 승려이다. 절강성(浙江省) 명주(明州) 설두산(雪竇山) 자성사(資聖寺)에 머무르며 수행하였다.

으로 인한 폐해를 입게 된다. 비록 수행승의 식사를 준비하고 잘 갖추었다고 할지라도, 도저히 자신의 솜씨를 발휘할 수가 없을 것이다.

제13장 선사 최고 책임자의 마음가짐

성 부 당 직 선 문 현 증 재 안 재 이
誠夫當職，先聞現證，在眼在耳。

유 문 자 유 도 리 가 위 정 적 여
有文字有道理，可謂正的歟。

종 첨 죽 반 두 지 명 심 술 역 가 동 지 야
縱忝粥飯頭之名，心術亦可同之也。

선 원 청 규 운 이 시 죽 반 이 합 정 풍 사 사 공
禪苑清規云，二時粥飯，理合精豐，四事供，

수 무 령 궐 소
須無令闕少。

세 존 이 천 년 유 은 개 복 아 손 백 호 광 일 분 공 덕
世尊二千年遺恩，蓋覆兒孫，白毫光一分功德，

수 용 부 진
受用不盡。

연 칙 단 지 봉 중 불 가 우 빈
然則，但知奉衆，不可憂貧。

약 무 유 한 지 심 자 유 무 궁 지 복
若無有限之心，自有無窮之福。

개 시 공 중 주 지 지 심 술 야
蓋是供衆住持之心術也。

실로 이 전좌(典座)의 이상적인 모습은, 선인들의 훌륭한 말씀이나 실제로 내가 중국에서 체험한 일 속에 들어있다. 그 모습이 지금도 눈에 선하고 귓가에 남아있다. 그 점을 문자로 기록하여 전하기도 하고 그대로 실행하기도 한다. 이거야말로 실로 석존(釋尊)이 전한 바른 불도의 진수(眞髓) 그 자체이다.

만약 예를 들어 죽반두(粥飯頭)[55]라고 부르는 주지 직책을 맡아서, 한 절을 모두 총괄하는 입장이 되더라도, 그 마음가짐은 전좌와 같지 않으면 안 된다. 『선원청규(禪苑淸規)』에 다음과 같이 말하고 있다. "아침의 죽과 점심밥을 준비하고 갖출 때에는, 온 마음을 다해서 풍성한 식사를 준비해야만 한다. 수행승들의 생활에 필요한 음식·의복·침구·의약이라는 사대 공양도 부족함이 있어서는 안 된다. 석존께서 100세 수명을 20년 줄여서 후세에 남겨두신 은혜가 지금 우리들을 보살피고 있다. 그런데 석존의 미간에 있는 백호(白毫)[56]에서 나오는 빛 중에서 아주 적은 은혜라도 우리들이 모두 쓸 수가 없다." 그렇기 때문에 다음과 같이 말한다. "오직 수행승들을 모시는 것만을 생각하고, 가난을 걱정할 필요는 없다." "물건을 아끼는 것과 같은 사소하고 유한한 마음을 갖지 않는다면, 무한한 복

55 사원의 최고 책임자인 주지를 가리킨다.

56 부처의 미간에 난 털로 늘 빛을 내고 있다고 한다. 부처에게는 위대한 인간에게 갖추어진 32가지 뛰어난 신체적 특징과 80가지 부차적 특징이 있다고 전해진다. 백호는 32가지 특징 중의 하나이다.

덕이 저절로 갖추어진다." 생각건대 이 같은 배려하는 태도야말로 전좌는 물론이고 주지 직책을 맡은 자가 수행승들을 공양하고 섬기기 위한 마음가짐이다.

제14장 식사 공양의 공덕

조 변 공 양 물 색 지 술　불 론 물 세
調辨供養物色之術，不論物細。

불 론 물 추　심 생 진 실 심 경 중 심 위 전 요
不論物麁，深生眞實心敬重心爲詮要。

불 견 마　장 수 일 발　야 공 십 호 혜
不見麼，漿水一鉢，也供十號兮，

자 득 노 파 생 전 지 묘 공 덕　암 라 반 과　야 사 일 사 혜
自得老婆生前之妙功德，菴羅半果，也捨一寺兮，

능 맹 육 왕 최 후 지 대 선 근　수 기 별　감 대 과
能萌育王最後之大善根，授記莂，感大果。

수 불 지 연　다 허 불 여 소 실
雖佛之緣，多虛不如少實。

시 인 지 행 야
是人之行也。

수행승에게 공양하기 위한 식사를 준비하고 갖출 때의 마음가짐은 식재료가 고급스러운지 빈약한지를 문제 삼지 않는다. 깊은 진심으로 일을 대하고, 식재료에 대해서는, 이를 소중하게 다루고 공경하는 마음을 지니는 것이 매우 중요하다.

다음과 같은 이야기를 들었을 것이다. 어느 노파가 한 그릇에 불과한 쌀뜨물을 참된 마음으로 석가모니 부처님께 공양했기 때문에, 생전에 더할 나위 없는 복락(福樂)의 공덕을 누렸다. 또한 아육왕(阿育王)[57]은 임종할 때에 불교 교단에 무언가 보시를 하고자, 그저 반 개에 불과한 망고 열매라도 바치고자 하는, 최후의 선근(善根)[58]을 쌓음으로 인해서, 미래에 성불(成佛)을 약속받는 커다란 과보(果報)를 받았다고 한다. 부처님을 위한 공양일지라도 거짓이 많다면 허망한 것이다. 사람들이 행하는 일이란 이와 같다.

---

57 범어 aśoka의 음역이다. 인도 마우리아(maurya) 왕조의 제3대 왕이다. 아육왕은 석존(釋尊)의 가르침을 받들어 이상적인 국가를 건설하였으나 만년에 권력을 잃고 불우한 처지가 되었다. 아육왕이 죽을 때를 깨닫고 계원사(鷄園寺) 승단에 금은을 보시하고자 하였으나 태자나 대신들이 반대하였다. 아육왕은 자신이 사용하던 금·은·철 식기를 보내서 기부하고, 마지막 남은 망고 반 개도 승려들에게 공양하였다. 그 공덕으로 인해서 아육왕은 미래에 성불한다는 예언을 듣게 되었다고 전한다.

58 좋은 과보를 가져오는 행위이다.

제15장 먹을 것을 차별하지 않기

소 위 조 제 호 미 　 미 필 위 상
所謂調醍醐味，未必爲上。

조 보 채 갱 　 미 필 위 하
調莆菜羹，未必爲下。

봉 보 채 택 보 채 지 시 　 진 심 성 심 정 결 심 　 가 준 제 호 미
捧莆菜擇莆菜之時，眞心誠心淨潔心，可準醍醐味，

소 이 자 하
所以者何。

조 종 우 불 법 청 정 대 해 중 지 시 　 불 견 제 호 미 　 부 존 보 채 미
朝宗于佛法淸淨大海衆之時，不見醍醐味，不存莆菜味，

유 일 대 해 미 이 기
唯一大海味而已。

황 부 장 도 아 양 성 태 지 사 　 제 호 여 보 채 　 일 여 무 이 여 야
況復長道芽養聖胎之事，醍醐與莆菜，一如無二如也。

유 비 구 구 여 조 지 선 언 　 불 가 부 지
有比丘口如竈之先言，不可不知。

가 상 　 보 채 능 양 성 태 　 능 장 도 아
可想，莆菜能養聖胎，能長道芽。

불 가 위 천 　 불 가 위 경
不可爲賤，不可爲輕。

인 천 지 도 사 　 가 위 보 채 지 화 익 자 야
人天之導師，可爲莆菜之化益者也。

자주 일컫는 것처럼 제호미(醍醐味)[59]라고 말하는 고급요리를 조리할 때에도, 이를 결코 특별히 고급스럽다고는 하지 않는다. 푸성귀 잎으로 국물을 조리할 때에도, 결코 저급한 것으로 간주해서는 안 된다. 푸성귀 잎으로 조리할 때에도 진심·성실한 마음·청정한 마음으로 제호미를 조리할 때와 똑같이 한다. 왜 그러할까. 청정한 대해(大海)에 비유하는 수행승들 속으로, 공양 음식이 들어가게 되면, 고급스러운 제호미와 저급한 푸성귀 잎 국물이라는 구별이 없어진다. 백 개 천 개의 하천도 큰 바다로 흘러 들어가면 청탁의 구별이 없어지는 것과 같이, 그저 한 가지 맛이 되고 만다. 하물며 깨달음을 추구하는 마음을 닦고, 부처님의 지혜를 담는 이 몸을 양육하는 데 있어서는 고급스러운 것이든 저급한 것이든 전적으로 같은데, 어찌 별개일 수가 있겠는가. 경전에 "출가한 사람의 입은 마치 아궁이와 같아서, 고급스러운 것이든 저급한 것이든 구별하지 않고, 주어진 음식을 좋아하는가 좋아하지 않는가를 묻지 않고, 한 맛으로 먹는다."라는 구절이 있는데, 부디 심득(心得)할 필요가 있다. 저급한 음식도 불신(佛身)인 이 신체를 충분히 양육하고, 깨달음

59 제호(醍醐)는 범어 manda의 음역이다. 우유를 정제하여 얻는 최상급의 제품이다. 정제 과정에서 유(乳)·낙(酪)·생수(生酥)·숙수(熟酥)·제호(醍醐)로 차츰 고급스러운 제품이 만들어진다. 이를 가리켜서 오미(五味)라고 부르기도 한다. 제호미는 최고의 맛이란 의미로 불성(佛性)이나 열반(涅槃)을 뜻하는 비유적 표현으로 쓰이기도 한다. 제호미는 일본어로는 '다이고미(だいごみ)'라고 읽는다.

을 추구하는 마음을 잘 닦게 해준다는 점을 부디 잘 새겨야 한다. 변변치 않은 음식도 우습게 여기거나 가볍게 보아서는 안 된다. 인간계나 천상계를 이끄는 사승(師僧)들은 이 변변치 않은 채소로 식사의 존중함을 가르치고 교화의 효과를 꾀한다.

제16장 사람을 차별하는 눈빛으로 보지 않기

우 불 가 견 중 승 지 득 실　불 가 고 중 승 지 노 소
又不可見衆僧之得失，不可顧衆僧之老少。

자 유 부 지 자 지 낙 처　타 쟁 득 식 타 지 낙 처
自猶不知自之落處，他爭得識他之落處。

이 자 지 비 위 타 지 비　개 불 오 호
以自之非爲他之非，豈不誤乎。

기 년 만 진　기 형 수 리　유 지 우 몽　승 종 시 동
耆年晚進，其形雖異，有智愚朦，僧宗是同。

역 작 비 금 시　성 범 수 지
亦昨非今是，聖凡誰知。

선 원 청 규 운　승 무 범 성　통 회 시 방
禪苑清規云，僧無凡聖，通會十方。

약 유 일 체 시 비 막 관 지 지 기
若有一切是非莫管之志氣，

나 비 직 취 무 상 보 리 지 도 업 야
那非直趣無上菩提之道業耶。

여 착 향 래 일 보　변 급 대 면 차 과
如錯向來一步，便及對面蹉過。

고 인 지 골 수　전 재 작 임 공 부 지 처 야
古人之骨髓，全在作恁功夫之處也。

후 대 장 당 직 지 형 제　역 작 임 공 부 시 득
後代掌當職之兄弟，亦作恁功夫始得。

백 장 고 조 양 성 지 규 승　기 허 연 호
百丈高祖曩聖之規繩，豈虛然乎。

전좌(典座)는 식재료의 좋고 나쁨뿐만 아니라, 더 나아가서는 수행승들의 자질이 좋고 나쁘고를 구별해서는 안 된다. 수행승들의 나이 차이를 문제 삼아서도 안 된다. 자기 자신도 머물 곳을 모르면서 어찌 다른 사람의 머물 곳을 알 수 있겠는가. 자신의 그릇됨으로 다른 사람을 그르다고 하는 것이 어찌 그릇된 것이 아니겠는가. 노인과 젊은이, 지혜가 있는 사람과 도리에 어두운 사람은 형상이 다르지만, 삼보(三寶)[60]의 하나인 승보(僧寶)라는 존귀함에 있어서는 전적으로 같다. 마찬가지로 어제까지는 틀렸던 것이 오늘은 바른 것처럼, 깨달았다는 것과 미혹하다는 것은 누가 알 수 있겠는가.

『선원청규(禪苑淸規)』에 이르기를 "승려란 범인인지 성인인지의 구별과 관계없이, 모든 사물에 통달할 수 있다."라고 하였다. 만약 "모든 시비(是非)에 대한 관념(觀念)·득실(得失)·노소(老少)·범성(凡聖)이라는 구별을 하지 않는다."라는 마음가짐이 있다면, 어찌 이 전좌의 직책이란 "그 상태로 깨달음의 세계로 들어간다."라고 하는 수행이 아니겠는가. 만약 지금까지 말한 점을 한 발자국이라도 잘못 내딛는 일이 있다면, 곧장 그 자리서 진실과는 다르게 될 것이다. 예부터 전좌 직책을 맡아왔던 조사(祖師)님들의 진면목이란 전

60 불·법·승 세 가지를 의미한다. 불교를 구성하는 가장 중요한 요소이다. 불교도가 귀의하고 존중해야만 한다는 의미에서 '寶'라고 하였다.

적으로 그 같은 마음의 자세로 전좌 일을 수행한 점에 있다. 후대에 전좌 직책을 맡은 여러분들도 똑같이 이 같은 마음의 자세로 전좌 일을 맡는다면 그걸로 어떻든 좋은 셈이다. 백장(百丈) 회해선사(懷海禪師)[61]가 수행 도량의 규칙을 정하고 전좌 직분도 규정한 일에 어찌 헛된 점이 있겠는가.

61 749-814. 중국 강서성(江西省) 홍주(洪州)에 있는 백장산(百丈山) 대지수성사(大智壽聖寺)의 주지가 되어 수행승을 지도하였다.

제17장 일본국 겐닌지 전좌의 실정

산승귀국이강 주석어건인 일량삼년

山僧歸國以降，駐錫於建仁，一兩三年。

피사무치차직 유유명자 전무인실

彼寺悉置此職，唯有名字，全無人實。

미식시불사 기감변긍도

未識是佛事，豈敢弁肯道。

진가연민 불우기인 허도광음 낭파도업

眞可憐憫，不遇其人，虛度光陰，浪破道業。

회간피사 차직승 이시재죽도부관사

會看彼寺，此職僧，二時齋粥都不管事，

대일무두뇌무인정노자 일체대소사 총설향타

帶一無頭腦無人情奴子，一切大小事，總說向他。

작득정 작득부정 미회거간

作得正，作得不正，未會去看。

여린가유부녀상사 약거득견 타급치급하

如隣家有婦女相似，若去得見，他及恥及瑕。

결구일국 혹언와 혹담소 혹간경 혹염송 일구월심

結搆一局，或偃臥，或談笑，或看經，或念誦，日久月深，

부도과변

不到鍋邊。

황호매삭집물 체관미수

况乎買索什物，諦觀味數。

개존기사호

豈存其事乎。

하황량절구배 미몽현재

何况兩節九拜，未夢見在。

시지교동행 야미증지

時至教童行，也未曾知。

나는 중국 유학에서 귀국하여 이삼년간 겐닌지(建仁寺)[62]에 머문 적이 있다. 이 겐닌지는 의미 없이 전좌(典座) 직책을 두었으니, 이는 그저 전좌라는 이름뿐으로 전좌를 맡은 사람의 직분은 전혀 없었다. 수행승에게 식사를 공양하는 일이 바로 불작불행(佛作佛行)의 실천 그 자체라는 사실을 모르고서 어찌 불도(佛道)를 분별할 수 있겠는가. 진실한 스승을 만나지 못하고 부질없이 세월을 보내며, 쓸데없는 불도 수행을 의미 없이 행하는 모습이 가련하기만 하다.

이 겐닌지에서 체험한 실정을 적어둔다. 전좌 직책을 맡은 승려는 점심과 아침에 먹는 죽 준비에 관해서, 전혀 전좌로서의 역할을 다하지 못하고 있다. 식사를 준비하는 일이 얼마나 중요한가를 모르고, 생각하려고도 하지 않는 아랫사람을 자신 가까이에 두고서, 크고 작은 일을 모두 그 아랫사람에게 시킨다. 그 아랫사람이 하는 일이 옳은지 그른지 전좌 자신이 지켜보며 감독하는 경우가 없었다. 이는 마치 옆집에 부인이 살고 있어서, 그 집에 가는 일이 승려에게 부끄러운 일인 것처럼, 만약 전좌가 가서 아랫사람을 감독하는 일이 있다면, 그 일을 자신의 부끄러움이며 자신의 인격이 손상되는 것처럼 여긴다.

62 1203년 묘안 에이사이(明庵榮西)가 개산(開山)하였다. 일본 교토시(京都市) 히가시야마구(東山區)에 있으며 일본 최초의 선원(禪院)이다. 이른바 교토 오산(五山) 중의 하나이다. 도겐은 이곳에서 수행한 적이 있으며, 현재 겐닌지 경내에 그 사실을 기록한 간판이 세워져 있다.

그리하여 절 안에 전좌료(典座療)라는 방 하나를 마련하여 뒹굴거나 다른 사람과 담소를 나누거나 독경을 하며, 아무리 세월이 흘러도 부엌에 나가서 일을 하려고 하지 않는다. 하물며 절에서 쓰는 물품을 자신이 구입한다든지, 식사 내용이나 수량 등을 분별하여 정하는 일을 절대 하지 않는다. 어찌 전좌의 일을 실제로 하겠는가. 게다가 아침과 점심 공양 때에 전좌가 스스로 준비한 식사를 부엌 앞 받침대에 올려두고서, 승당을 향해서 구배(九拜)를 하고 운반하는 것과 같은, 마음을 담은 의식을 행하는 일은 꿈에도 생각하지 않는다. 전좌가 스스로 젊은 수행승들을 가르칠 때가 되어도 가르칠 것을 전혀 모르는 것이다.

제18장　도심이 없는 전좌의 폐해

가련가비　무도심지인　미증우견유도덕지배
可憐可悲，無道心之人，未曾遇見有道德之輩。

수입보산혜　공수이귀　수도보해혜　공신이환
雖入寶山兮，空手而歸，雖到寶海兮，空身而還。

응지　수타미증발심혜　약견일본분인　칙행득기도
應知，雖他未曾發心兮，若見一本分人，則行得其道，

수미견일본분인혜 약시심발심자　즉행응기도
雖未見一本分人兮,若是深發心者，則行膺其道。

기이양궐　하이일익
旣以兩闕，何以一益。

이처럼 불도를 수행하고자 하는 마음이 없는 자가 결코 뛰어난 사승(師僧)을 만나지 못하는 것은 한탄스러운 일이고 우려할 만한 일이다. 이는 마치 보물이 있는 산에 들어가서도, 아무것도 손에 넣지 못한 채 돌아오고, 보물이 있는 바다에 들어가서도 아무것도 몸에 지니지 못하고 돌아오는 것과 같다. 전좌(典座)란 불도 수행을 지향하는 진실한 마음을 결기하지 않아도, 만일 깨달음을 얻은 스승을 만나서 가르침을 받을 수가 있다면, 전좌의 직분을 훌륭하게 다할 수가 있다. 또한 비록 훌륭한 스승을 만나지 못해도, 만약 깊은 마음으로 불도를 추구하는 뜻을 결기한다면, 반드시 전좌의 직분을 불도(佛道)로서 완수할 수 있다는 것을 잘 명심해야 한다. 겐닌지(建仁寺) 전좌의 경우는 이 두 가지 마음이 갖추어져 있지 않다. 그가 전좌 직책을 맡아도, 조금이라도 자신의 수행에 도움이 될 수 있겠는가.

제19장 중국 선원의 전좌

여 견 대 송 국 제 산 제 사 　지 사 두 수 　거 직 지 족
如見大宋國諸山諸寺，知事頭首，居職之族，

수 위 일 년 지 정 근 　각 존 삼 반 지 주 지 　여 시 영 지
雖爲一年之精勤，各存三般之住持，與時營之，

경 연 여 지
競緣勵之。

이 여 리 타 　겸 풍 자 리 　일 흥 총 석 　일 신 고 격 　재 견 경 두
已如利他，兼豊自利，一興叢席，一新高格，齋肩競頭，

계 종 중 종
繼踵重蹤。

어 시 응 상 　유 견 자 여 타 지 치 인 　유 고 타 여 자 지 군 자
於是應詳，有見自如他之癡人，有顧他如自之君子。

고 인 운 　삼 분 광 음 이 조 과 　영 대 일 점 불 개 마
古人云，三分光陰二早過，靈臺一點不揩磨。

탐 생 수 일 구 구 거 　환 불 회 두 쟁 나 하
貪生遂日區區去，喚不囘頭爭奈何。

수 지 미 견 지 식 　피 인 정 탈
須知未見知識，被人情奪。

가 련 　우 자 운 출 장 자 소 전 지 가 재
可憐，愚子運出長者所傳之家財，

도 작 타 인 면 전 지 진 분
徒作他人面前之塵糞。

금 내 불 가 연 야
今乃不可然耶。

한편 내가 보아 온 중국 남송(南宋) 시대의 여러 절에 관해서 말한다면, 지사(知事)[63]나 두수(頭首)[64]와 같은 선사(禪寺)의 직책을 맡은 사람들은 1년 동안의 임기 중에 각각 임무에 매진한다. 주지와 같은 세 가지 마음가짐을 가지고, 각각 맡은 바 직책에 임하여 종사한다. 예를 들면 전좌(典座) 직책을 맡으면 수행승을 공양하는 것과 같이, 각각의 직책에 임한 것을 좋은 기회를 얻었다고 기뻐하며, 다투어 맡은 일에 열중한다. 세 가지 마음가짐이란 다음과 같다.

① 다른 사람을 위해서 일하고 자기 자신을 위한 수행도 충분히 쌓아 가면
② 수행 도량을 한층 활성화하고, 인간 형성의 도량이라고 하는 고상한 품격도 완전히 면목을 새롭게 할 수 있으며
③ 옛날 훌륭한 선인들과 어깨를 나란히 하고, 이들을 뛰어넘어 선인이 걸어간 길을 계승하며, 그 행적을 충실하게 지켜간다.

이런 연유로, 자신의 일을 다른 사람 일처럼 팽개쳐두는 어리석은 사람이 있는 한편, 다른 사람 일을 자신의 일처럼 구분하지 않고 대하는, 훌륭한 사람도 있다는 점을 분명히 알아야 한다. 옛 선인도 다음과 같이 말했다. "인생의 삼분의 이는 빨리 지나가고 말

63 앞의 역주 1)을 참조.

64 앞의 역주 33)을 참조.

았는데, 아주 적은 마음도 닦으려고 하지 않는다. 그저 단지 생을 탐하며 하루하루 억척스럽게 지내고 있을 뿐이다. 아무리 소리치고 반성하도록 하고자 해도, 전혀 돌아보려고 하지 않으니 도대체 어찌 하면 좋겠는가." 진실한 지도자를 만날 수 없다면, 속세적인 마음에 이끌려 다닌다는 점을 알아야만 한다.

어리석은 사람은 아버지가 전해준 재물을 쓰면서 한낱 분뇨처럼 여기니 얼마나 개탄할 일인가. 이제는 그러해서는 안 된다.

제20장 선인들의 발자취

상관 당직전래유도 기장기덕자부
嘗觀，當職前來有道，其掌其德自符。

대위오도 전좌지시야
大潙悟道，典座之時也。

동산마삼근 역전좌지시야
洞山麻三斤，亦典座之時也。

약가귀사자 가귀오도지사
若可貴事者，可貴悟道之事。

약가귀시자 가귀오도지시자여
若可貴時者，可貴悟道之時者歟。

모사탐도지적 악사이위보 유유기험 모형이작례
慕事耽道之跡，握砂而爲寶，猶有其驗，模形而作禮，

누현기감
屢見其感。

하황 기직시동 기칭시일
何況，其職是同，其稱是一。

기정기업 약가전자 기미기도 기불래호
其情其業，若可傳者，其美其道，豈不來乎。

옛날 전좌(典座) 직책을 맡았던 도심(道心)을 지닌 사람들은 그 일과 그 인덕이 저절로 일치하였다. 예를 들면 위산(潙山) 영우선사(靈祐禪師)[65]가 깨달음을 얻은 것은 전좌 직책을 맡고 있을 때였다. 또한 동산(洞山) 수초선사(守初禪師)[66]가 '마삼근(麻三斤)'[67]이란 말로 문하생을 지도한 것도 전좌를 맡았을 때이다. 따라서 무언가 존귀한 것이 있다고 한다면, 깨달음을 얻는 것이야말로 존귀하게 여겨야 할 것이다. 깨달음의 형적을 따르고, 불도 수행에 전념한 옛 선인들의 사례에 대해서 예를 들어보기로 한다. 모래 장난을 치고 있던 아이가 한 줌 모래를 귀한 음식으로 여겨서 마음을 대해서 부처님께 공양한 것으로 인해, 그 소원이 이루어져 아육왕(阿育王)[68]으로 다시 태어나 불교를 보호했다고 하는 훌륭한 과보가 있었다. 부처님의 형상을 본 따서 불상을 제작하고 배례하여 부처님과 자신의 마음이 통했다고 하는 사례도 있다.

---

65 앞의 역주 4)를 참조.

66 앞의 역주 5)를 참조.

67 어느 승려가 수초선사(守初禪師)에게 부처란 어떤 분이냐고 질문을 하자, 눈앞에 보이던 마사(麻絲)를 가리키며 '마삼근(麻三斤)'이라고 대답하였다고 한다. 마삼근은 가사(袈裟) 한 벌을 지을 수 있는 실의 양이다.

68 앞의 역주 57)을 참조.

제21장 세 가지 마음가짐

1. 기쁜 마음

범제지사두수 급당직작사작무지시절
凡諸知事頭首，及當職作事作務之時節，

가보지희심노심대심자야
可保持喜心老心大心者也。

소위희심자 희열심야
所謂喜心者，喜悅心也。

가상아약생천상 저락무간 불가발심 수행미편
可想我若生天上，著樂無間，不可發心，修行未便，

하황가작삼보공양지식야
何況可作三寶供養之食耶。

만법지중 최존귀자삼보야 최상승자삼보야
萬法之中，最尊貴者三寶也，最上勝者三寶也。

천제비유 윤왕불비
天帝非喩，輪王弗比。

청규운 세간존귀 물외우간 청정무위 중승위최
清規云，世間尊貴，物外優間，清浄無爲，衆僧爲最。

금오행생인간 이작차삼보수용지식 기비대인연야
今吾幸生人間，而作此三寶受用之食，豈非大因緣耶。

우이가열희자야
尤以可悅喜者也。

우가상 아약생지옥아귀축생수라등지취
又可想，我若生地獄餓鬼畜生修羅等之趣，

우생자여지팔난처
又生自餘之八難處，

수유구승력지복신 수자불가작공양삼보지정식
雖有求僧力之覆身，手自不可作供養三寶之淨食。

의기고기이수고 박신심야
依其苦器而受苦，縛身心也。

금 생 기 작 지　가 열 지 생 야　가 열 지 신 야
今生既作之，可悅之生也，可悅之身也。

광 대 겁 지 양 연　불 가 후 지 공 덕 야
曠大劫之良緣，不可朽之功德也。

원 이 만 생 천 생 이 섭 일 일 일 시　가 변 지 가 작 지
願以萬生千生而攝一日一時，可辨之可作之。

위 능 사 천 만 생 지 신 결 어 양 연 야
爲能使千萬生之身結於良緣也。

여 차 관 달 지 심　내 희 심 야
如此觀達之心，乃喜心也。

성 부 종 작 전 윤 성 왕 지 신　비 작 공 양 삼 보 지 식 자
誠夫縱作轉輪聖王之身，非作供養三寶之食者，

종 기 무 익
終其無益。

유 시 수 말 포 염 지 질 야
唯是水沫泡焰之質也。

본래 선원의 여러 직책인 지사(知事)[69]나 두수(頭首)[70]는 순번에 의해서 직책을 맡는다. 그 일을 맡게 된다면 기쁜 마음(喜心)·노숙한 마음(老心)·큰 마음(大心)이라는 세 가지 마음가짐을 단단히 지녀야만 한다. 여기서 말하는 '기쁜 마음'이란, 기뻐하면서 일을 행하는 마음이다.

자신이 만약 천상 세계에 태어났다면, 그곳은 괴로움이 없고 즐거움만 있는 세계이므로, 즐거운 일에만 마음을 빼앗겨서, 깨달음을 추구하는 마음도 일으킬 수가 없으므로, 조금도 수행을 할 수 있는 환경이 아니다. 하물며 불·법·승 삼보(三寶)에 공양하는 식사를 준비하는 것이 어찌 가능하겠느냐는 생각을 한다. 존재하는 모든 사물 중에서 가장 존귀한 것은 불·법·승 삼보이며, 가장 뛰어난 것은 역시 삼보이다. 천상 세계의 삼십삼천(三十三天)[71] 중에서 가장 존귀한 제석천(帝釋天)[72]조차도 비교가 되지 않으며, 이 세상에서 최고로 이상적인 왕인 전륜성왕(轉輪聖王)[73]도 비교가 되지 않을 정도

---

69 앞의 역주 1)을 참조.

70 앞의 역주 33)을 참조.

71 수미산(須彌山) 정상에 있는 제석천의 성을 둘러싸고 사방에 각각 봉우리가 있으며, 각각의 봉우리마다 여덟 개의 천(天)이 있다고 한다. 중앙의 제석천과 사방의 팔천(八天)을 더한 합계이다. 도리천(忉利天)이라고 부르기도 한다.

72 고대 인도의 우주관에 의하면 세계의 중심에 있다는 수미산(須彌山) 정상의 희견성(喜見城)에 거주하는 도리천(忉利天)의 주인으로 신들의 제왕이다.

73 인도 신화에 전하는 이상적인 제왕이다. 무력을 사용하지 않고 정의만으로

이다. 『선원청규(禪苑淸規)』에도 이르기를 “이 세상에서 가장 존귀하고 속세 바깥 세계에 초월하여 계시고, 더할 나위 없이 청정하며, 그 무엇에도 구애됨이 없다는 점에서 수행승의 존재가 최고이다.”라고 했다. 현재 자신은 이 인간세계에 태어나, 게다가 존귀한 삼보가 드실 식사를 준비하므로 어찌 훌륭한 인연이 아니겠는가. 따라서 전좌는 특히 기뻐해야만 하는 직분이다.

또한 만약 자신이 지옥(地獄)·아귀(餓鬼)·축생(畜生)·수라(修羅)[74] 등의 인간세계 이외의 악도(惡道) 세계에 태어났다든가, 그 외에 부처님을 만나 뵐 수도 가르침을 들을 수도 없다는 여덟 종류의 경계(境界)[75]에 태어났다면, 승려로서의 위신력(威神力)으로 자신을 지켜달라고 기원을 할지라도, 자신이 삼보를 공양하기 위한 청정한 식사를 준비하여 올리는 일을 결코 할 수 없었을 것이라는 생각을 해 본다. 악도(惡道) 세계는 육체적인 것으로 고통을 받고, 몸도 마음도 속박되어 있기 때문이다.

지금의 자신은 인간세계에 태어나 게다가 삼보 공양을 위한 청

세계를 통일하고, 천상에서 감득(感得)한 차륜(車輪) 및 칠보(七寶)를 갖추고서 모든 장해를 없앤다고 전한다. 불타(佛陀)에 비유되는 존재이다.

74 이들 세계는 육도(六道) 중에서 특히 괴로움만이 존재하는 세계로 사악취(四惡趣)라고 한다. 또한 지옥·아귀·축생을 따로 삼악도(三惡道)라고 한다.

75 이를 팔난처(八難處)라고 한다. 부처를 뵐 수가 없고 정법(正法)을 들을 수가 없다고 하는 여덟 종류의 경계이다.

정한 식사를 준비하고 있으니, 실로 기뻐해야 할 신분이며 기뻐해야 할 존재이다. 이거야말로 영원히 다하지 않을 좋은 인연이며, 썩어 없어지지 않을 좋은 과보(果報)이다. 부디 천생(千生) 만생(萬生) 영원히 이어질 이 몸을 전좌라는 직분을 통해서 이 일일(一日) 일시(一時) 일순(一瞬)에 집약하며, 삼보 공양을 위한 식사를 준비하고 갖추길 바란다. 그것은 영원히 이 몸을 좋은 인연이 맺어지도록 하기 위해서이다. 이처럼 깊은 도리(道理)를 깨우치며 일에 임하는 마음이 바로 '기쁜 마음'이다. 비록 전륜성왕 신분으로 태어났다고 할지라도, 삼보에 공양할 식사를 준비하는 일도 없다면 결국 아무 소용도 없다. 그것은 마치 물거품이나 아지랑이와 같이, 덧없는 신분일 뿐이다.

2. 노숙한 마음

소위노심자 부모심야
所謂老心者，父母心也。

비약부모념어일자
譬若父母念於一子。

존념삼보 여념일자야
存念三寶，如念一子也。

빈자궁자 강애육일자
貧者窮者，強愛育一子。

기지여하
其志如何。

외인불식 작부작모방식지야
外人不識，作父作母方識之也。

불고자신빈부
不顧自身貧富。

편념오자지장대야
偏念吾子之長大也。

불고자한 불고자열 음자복자
不顧自寒，不顧自熱，蔭子覆子。

이위친념절절지지
以爲親念切切之至。

발기심지인능식지 관기심지인방각지자야
發其心之人能識之，慣其心之人方覺之者也。

연내간수간곡 개가존양자지자간자여
然乃看水看穀，皆可存養子之慈懇者歟。

대사석존 유분이천년지불수 이음말세지오등
大師釋尊，猶分二千年之佛壽，而蔭末世之吾等。

기의여하
其意如何。

유수부모심이이
唯垂父母心而已。

여래전불가구과 역불가구부
如來全不可求果，亦不可求富。

여기서 말하는 노숙한 마음(老心)[76]이란, 바로 부모의 마음이다. 예를 들면 부모가 자기 자식을 생각하는 것과 같은 마음이다. 전좌(典座)란 삼보(三寶)[77]를 공양할 식사를 준비한다는 생각을 항상 지녀야 함이, 마치 부모가 자식 한 명을 계속 생각하여 한시도 잊지 않는 것과 같다. 아무리 가난하거나 혹은 곤란한 사람일지라도, 부모라는 존재는 우리 아이를 보살피며 오직 우리 아이를 귀여워하며 기른다. 그 같은 마음의 작용이란 과연 어떤 것일까. 그것은 타인은 모르지만 아버지가 되고 어머니가 되어서 비로소 알 수가 있다. 자신이 가난한지 유복한지와 상관없이 오직 그 아이가 어른으로 성장하기만을 바란다. 부모라는 존재는 자신이 춥거나 더운 것도 잊고, 아이를 추위나 더위에서 지켜준다. 생각건대 이야말로 부모가 아이를 생각하는 더할 나위없는 깊은 마음이다.

이처럼 부모의 마음을 지니게 된 사람이 비로소 '노숙한 마음'이란 것을 알 수가 있다. 자신의 마음속에 아이 일을 늘 생각하는 마음이 있는 사람이 비로소 '노숙한 마음'이 무엇인가를 깨달을 수가 있다. 이런 연유로 전좌가 물이 적당한지를 점검할 때에도, 곡물을 다룰 때에도, 모든 것을 부모가 아이를 기를 때처럼 깊은 자애로움

76 노파심(老婆心)이라고도 한다. 노파가 타인을 위해서 힘써 최선을 다하는 것처럼, 나를 돌보지 않고 그저 타인에게 봉사하는 마음이다. 본문에서는 부모가 자식을 생각하는 깊은 마음으로 설명한다.

77 앞의 역주 60)을 참조.

과 사랑스러운 마음을 지녀야만 한다. 석존(釋尊)께서는 자신의 수명을 20년 단축함으로써 후대의 우리들에게 그 은혜를 나누어 베풀어 주셨다. 그 석존의 마음은 어떠한가. 그것은 다름 아니라 부모의 마음을 우리들에게 베풀어 주셨을 뿐이다. 석존께서는 이 일로 인해 무언가 보답하는 과보를 추구하지도 않았고, 부귀를 바라는 마음도 없었다.

3. 큰 마음

소위대심자 대산우기심 대해우기심 무편무당심야
所謂大心者，大山于其心，大海于其心，無偏無黨心也。

제량이불위경 강균이불가중
提𨦟而不爲輕，扛鈞而不可重。

피인춘성혜 불유춘택 수견추색혜 경무추심
被引春聲兮，不游春澤，雖見秋色兮，更無秋心。

긍사운어일경 시수량어일목
競四運於一景，視銖兩於一目。

어시일절 가서대지자야 가지대지자야 가학대지자야
於是一節，可書大之字也，可知大之字也，可學大之字也。

협산지전좌 약불학대자자 불각지일소 막도대원
夾山之典座，若不學大字者，不覺之一笑，莫度大原。

대위선사 불서대자 취일경시 불가삼취
大潙禪師，不書大字，取一莖柴，不可三吹。

동산화상 부지대자 염삼근마 막시일승
洞山和尚，不知大字，拈三斤痲，莫示一僧。

응지 향래대선지식 구시백초두상학대자래
應知，向來大善知識，俱是百艸頭上學大字來，

금내자재작대성
今乃自在作大聲，

설대의료대사 접대인 성취자개일단대사인연자야
說大義了大事，接大人，成就者箇一段大事因緣者也。

주지지사두수운납 아수망각차삼종심자재
住持知事頭首雲衲，阿誰忘却此三種心者哉。

우시가정삼년왕춘
于旹嘉禎三年王春，

기시후래학도지군자운이 관음도리원주지
記示後來學道之君子云爾。觀音導利院住持，

전법사문도원 기
傳法沙門道元，記。

문구이년삼월이십육일서지
文龜二年三月二十六日書之。

여기서 말하는 '큰 마음(大心)'이란, 그 마음을 큰 산처럼 가득 채우고 큰 바다와 같이 넓게 하며, 한쪽에 치우치거나 고집을 피우지 않는 마음이다. 예를 들면 한 량(錷)[78] 정도의 가벼운 것도 소홀하게 다루지 않으며, 역으로 한 균(鈞)[79]이나 되는 무거운 것에 대해서도 특별히 지나치게 소중하게 다루지 않는다. 따스한 봄기운에 이끌려도, 그것에 마음이 끌려서 흔들거리고 들떠서 봄의 들판으로 나가지 않으며, 낙엽이 흩어진 가을 경치를 보더라도, 특별히 심산한 마음을 갖지 않는다. 말하자면 춘하추동 사계절의 변화도 이를 자연의 당연한 귀결로 보고, 커다란 눈으로 한 가지 경치로 바라보고, 또한 가벼움과 무거움에 대해서도, 이에 마음이 심란해지는 일이 없이 차별하지 않고 본다.

이처럼 어떤 사물에도 심란해지지 않고 마음이 끌리지 않는 안목에, '大' 글자를 쓰고 '大'를 알고 '大'를 배우며, 충분히 '大'라는 글자의 의미를 알게 되는 것이다. 협산(夾山)[80]의 전좌 직책을 맡았던 어느 스님이 만약 이 '大'글자를 잘 배우지 않았더라면, 저절로

---

78 중국의 도량형(度量衡) 단위 중의 하나이다. 시대에 따라서 다르지만 송나라 시대에는 약 37.2그램의 무게이다. 이는 지극히 가벼운 것에 대한 비유이다.

79 중국의 도량형(度量衡) 단위 중의 하나이다. 30근의 무게이다. 비교적 무거운 것에 대한 비유이다.

80 중국 호남성(湖南省) 풍주(灃州) 석문현(石門縣) 동남쪽에 있는 영천선원(靈泉禪院)이다.

터뜨린 실소(失笑)로 인해서, 태원(太原)의 부상좌(孚上座)[81]를 깨달음에 이르도록 이끌 수가 없었을 것이다.[82] 위산(潙山) 영우선사(靈祐禪師)[83]도 '大'글자를 잘 쓰고 알고 있지 않았더라면, 백장선사(百丈禪師)[84] 문하에서 수행하고 있을 적에, 섶 하나를 들고 세 번 불어서 백장선사에게 건네어,[85] 그 선기(禪機)를 인정받았다고 하는 훌륭한 행동은 불가능했을 것이다. 더욱이 동산(洞山) 수초선사(守初禪師)[86]가 '大'글자를 완전히 알지 못했더라면, "부처님은 어떤 존재입니까?"라는 승려의 질문에 대해서, '마삼근(麻三斤)'[87]이라는 훌륭한 답변을

81 중국 당나라 말기에서 오대(五代) 시대의 승려이다. 상세한 이름이 전하지 않는다. 설봉의존(雪峯義存)의 법사(法嗣)가 되었으나 평생토록 부상좌로 불리었다고 한다.

82 다음과 같은 고사가 전한다. 부상좌가 중국 양주(揚州)에 있는 광효사(光孝寺)에서 열반경을 강론하고 있을 때에, 협산의 전좌가 우연히 이를 듣게 되었다. 부상좌가 법신(法身)에 관해서 강론하는 대목에 이르자 전좌가 듣고서 저절로 실소했다고 한다. 부상좌가 그 이유를 묻자, 전좌가 상세하게 가르쳐주었다. 부상좌는 그 설명을 듣고 깨우치게 되었다.

83 앞의 역주 4)를 참조.

84 749-814. 중국 복건성(福建省) 출신으로 휘는 회해(懷海)이다. 백장산(百丈山)에 오래 머물러 백장선사라는 호칭이 생겼다.

85 영우선사가 백장선사의 도량에서 수행하고 있을 무렵의 일이다. 어느 날 두 선사는 산속에 들어가 일을 하고 있었다. 그 때 백장선사가 영우선사에게 불을 가지고 오라고 명하였다. 영우선사는 즉각 가지고 왔노라고 답하였다. 어디에 불이 있느냐고 묻자, 영우선사는 섶 하나를 손에 들고 세 번 불어서 백장선사에게 건넸다고 한다.

86 앞의 역주 5)를 참조.

하지 못했을 것이다.

이와 같이 예부터 뛰어난 선(禪)의 지도자들은 일체 사물 위에 '大' 글자의 본연의 모습을 배우고, 지금도 현재 자유자재로 큰 목소리를 내고, 위대한 가르침을 계속하여, 선의 근본을 분명히 하고, 뛰어난 사람을 지도하고, 이리하여 불교의 진실을 궁구(窮究)하고 있는 것이다. 이 점을 잊어서는 안 된다. 수행 도량의 주지도 지사(知事)[88]도 두수(頭首)[89]도 수행승도, 도대체 누가 이 세 가지 마음가짐을 잊어도 된단 말인가.

가정 3년(1237) 봄이 한창일 무렵 이를 적어두어 이제부터 불도 수행에 마음을 둔 사람들에게 보이다.

관음도리원(觀音導利院)[90]의 주지이며 중국으로부터 불법을 전한 승려 도겐(道元)이 적다.

분키(文亀) 2년(1502) 3월 26일에 서사(書寫)하다.

---

87 앞의 역주 67)을 참조.

88 앞의 역주 1)을 참조.

89 앞의 역주 33)을 참조.

90 도겐이 1233년 교토 후카쿠사(深草)에 개창한 교쇼지(興聖寺)이다. 일본에서 최초로 본격적인 좌선을 하기 위한 평상(牀)을 갖추었던 수행 도량이다. 도겐이 에치젠(越前)으로 옮겨간 후에는 황폐했다가 1649년 나가이 나오마사(永井尙政)가 우지(宇治)에 재흥하였다.

부죽반법 赴粥飯法

제1장 식사와 불도는 일체

경왈 약능어식등자 제법역등 제법등자 어식역등
經曰，若能於食等者，諸法亦等，諸法等者，於食亦等。

방영교법이등식 교식이법등
方令教法而等食，教食而法等。

시고법약법성 식역법성
是故法若法性，食亦法性。

법야진여 식역진여
法若眞如，食亦眞如。

법야일심 식역일심
法若一心，食亦一心。

법야보리 식역보리
法若菩提，食亦菩提。

명등의등
名等義等。

고언등
故言等。

경왈 명등의등 일체개등 순일무잡
經曰，名等義等，一切皆等，純一無雜。

마조왈 건립법계 진시법계 야입진여 진시진여
馬祖曰，建立法界，盡是法界，若立眞如，盡是眞如，

약입리 진시리 약입사 일체법진시사
若立理，盡是理，若立事，一切法盡是事。

연즉 등자비등균등량지등 시정등각지등야
然則，等者非等均等量之等，是正等覺之等也。

정등각자 본말구경등야
正等覺者，本末究竟等也。

본말구경등자 유불여불 내능구진 제법실상야
本末究竟等者，唯佛與佛，乃能究盡，諸法實相也。

소이 식자제법지법야
所以，食者諸法之法也。

유 불 여 불 지 소 구 진 야
唯佛與佛之所究盡也。

정 당 임 마 시　유 실 상 성 체 력 작 인 연
正當恁麼時，有實相性體力作因緣。

시 이　법 시 식　식 시 법 야
是以，法是食，食是法也。

시 법 자　위 전 불 후 불 지 소 수 용 야
是法者，爲前佛後佛之所受用也。

차 식 자　법 희 선 열 지 소 충 족 야
此食者，法喜禪悅之所充足也。

『유마경(維摩經)』에 이르기를, “만약 먹는 것이 평등하다면 모든 일에 있어서도 평등하며, 모든 일에 있어서 평등하다면 먹는 것에 있어서도 평등하다.”[1]라고 말한다. 이는 실로 법(法)과 식(食)을 완전히 같게 보고 있는 셈이다. 따라서 만약 법이 법성(法性)[2]이라고 한다면 먹는 것도 법성이며, 만약 법이 진여(眞如)[3]라고 한다면 먹는 것도 진여이며, 만약 법이 일심(一心)[4]이라면 먹는 것도 또한 일심이며, 만약 법이 보리(菩提)[5]라면 먹는 것도 또한 보리이다. 우리들이 살아가는 법을 근본 진리인 법성·진여·일심·보리에서 추구한다면, 먹는 것도 또한 그러해야 한다. 명목상으로나 사실상 평등하기 때문에 평등하다고 말하는 것이다. 『능가경(楞伽經)』에도 “명칭이 같고 사실적으로도 같고, 모든 것에 있어서 평등한 것이, 순일(純一)하고 섞이지 않은 것이다.”[6]라고 말한다.

---

[1] 유마라는 주인공을 내세워 설화 형식으로 구성한 경전 『유마경』 제자품(弟子品) 제32에 나오는 구절이다. 유마 거사가 불제자 수보리(須菩提)를 향해서 말한 구절 중의 하나이다.

[2] 모든 존재가 지니는 있는 진실하고 불변하는 본성을 의미한다. 불교의 진리를 가리키는 용어 중의 하나로 진여(眞如)·실상(實相)·열반(涅槃) 등과 같이 사용된다.

[3] 모든 존재가 본연의 모습으로 존재하는 것을 의미한다. 우주 만유의 실체로서 현실적이며 평등무차별한 절대적 진리이다.

[4] 모든 현상의 근원에 자리하는 마음이다. 모든 존재의 실체인 진여와 같다.

[5] 깨달음을 의미한다. 지혜가 작용하여 번뇌가 없어진 상태이다.

[6] 『능가경』 권3에 나오는 구절이다. 석존(釋尊)과 제불(諸佛)이 조금도 다르지

마조(馬祖) 진일선사(眞一禪師)[7]는 "법계(法界)[8]에 입각해서 보면 이 세계는 모두 법계의 세계이며, 만약 진여(眞如)에 입각해서 보면 이 세계는 모두 진여의 세계이다. 또한 이(理)[9]의 입장에 입각하면 모두 이의 세계이고, 사(事)[10]의 세계에 입각하면 모두 사의 세계이다. 다시 말하자면 이 세계는 평등한 진리라는 입장에서 보면 일체의 사물이 진리로 보이며, 차별적인 입장에서 보면 일체의 사물이 차별적인 현실로 나타난다."라고 말하였다.

그렇다면 앞에서 말한 '등(等)'이란 등균(等均)이라든가 등량(等量)의 '등', 즉 '같다'라는 의미가 아니라, 정등각(正等覺)[11]의 '등', 다시 말하자면 '비교할 수 없는 절대적인'이라는 의미가 된다. 따라서 불

않다는 구절을 인용하여 식(食)과 법(法)의 평등한 관계를 설명하였다. 『능가경』은 대승 경전의 하나이다. 부처가 능가산에서 대혜(大慧) 보살을 위해서 설한 가르침을 모은 경전이다.

7 709-788. 남악회양(南岳懷讓)의 제자로 주로 중국 강서성(江西省)에 있는 개원사(開元寺)를 중심으로 불법을 펼쳤다. 이어지는 인용문은 『마조어록(馬祖語錄)』에 나오는 구절이다.

8 법계(法界)는 의식의 대상이 되는 모든 존재이다. 일체 현상계를 가리킨다.

9 '理'는 우주를 관통하는 근본적인 진리이다. 일체 현상의 배후에서 사물이 그처럼 존재하게 하는 보편적인 절대적 평등의 진리이다.

10 하나하나 차별적인 현상을 의미한다. 인연에 의해서 생겨나는 삼라만상의 모습이다. 이(理)와 대조가 되는 개념이다.

11 부처의 더할 나위 없이 옳고(正), 평등원만(等), 지혜의 깨달음(覺)이라는 의미이다. 범어 아누다라삼막삼보리(阿耨多羅三藐三菩提, anuttara-samyak-sambodhi)의 의역이다.

타(佛陀)의 깨달음을 의미하는 정등각은 본말구경등(本末究竟等),[12] 즉 '진여와 현실로써의 제법(諸法)이란 궁극적으로 절대무이(絶對無二)해서 별개의 사물이 아닌' 셈이다. 그리고 이 본말구경등이라는 깨달음은 불타에게 있어서만 체인(體認)할 수 있는 제법실상(祭法實相)[13]이다. 따라서 식사란 진여가 출현한 모습으로서의 제법이 갖는 이상적인 상태인 셈이다. 그리고 이것도 깨달은 자만이 다할 수 있는 것이다. 이를 체인할 수 있을 때에 비로소 진정한 모습(姿)·성질(性質)·체질(體質)·능력(能力)·작용(作用)·원인(原因)·조연(助緣)[14]을 실감할 수 있다.

이상과 같이 불법은 먹는 것(食)이며 먹는 것은 불법이라고 한다. 이 먹는 것과 일체를 이루는 불법은 불타(佛陀)께서 자유자재하였으며, 이 불법과 일체를 이루는 먹는 것은 불법을 듣는 희열이나 좌선의 희열을 충분히 갖추고 있다.

---

12 본말(本末諸相)의 구극(究極)으로서의 평등성을 의미한다. '本'은 진여(眞如)의 관점에서 보면 일체의 사물이 평등하다는 입장이다. '末'은 실상(實相)의 관점에서 보면 일체의 사물이 다르게 나타나는 모습을 의미한다.

13 모든 존재의 차별적인 상태가 진실 평등의 상(相)이라는 의미이다. 현실의 차별 속에서 평등성을 보고자 하는 입장이다. 이 구절은 『법화경(法華經)』 방편품(方便品)에서 인용하였다.

14 조연(助緣)은 부처와의 인연을 돕는다는 의미이다.

제2장 식사 신호

죽 시 개 정 이 후　재 시 삼 고 이 전　선 어 식 위 취 좌
粥時開靜已後，齋時三鼓已前，先於食位就坐。

재 시　삼 고 지 후 명 대 종 자　보 재 시 야
齋時，三鼓之後鳴大鐘者，報齋時也。

성 황 선 재 종　산 림 선 삼 고
城隍先齋鐘，山林先三鼓。

차 시　야 면 벽 타 좌 지 자　수 전 신 정 면 이 좌
此時，若面壁打坐之者，須轉身正面而坐。

약 재 당 외 자　즉 수 식 무 세 수 령 정
若在堂外者，即須息務洗手令淨。

당 구 위 의 부 당
當具威儀赴堂。

차 명 판 삼 회　대 중 일 시 입 당
次鳴版三會，大衆一時入堂。

입 당 지 간 묵 연 이 행　부 득 점 두 어 소
入堂之間黙然而行，不得點頭語笑。

일 시 입 당　재 당 부 득 언 어 설 화　유 묵 이 이
一時入堂，在堂不得言語説話，唯黙而已。

조식은 좌선을 끝내는 신호 후에, 점심은 고원(庫院)[15]의 북을 세 번 치기 전에 미리 각자의 자리에 앉는다. 점심 무렵에 북을 세 번 친 후에 대종(大鐘)을 치는 것은 점심시간을 알리기 위해서이다. 그렇지만 사원이 시내에 있는 경우에는 대종을 먼저 치고, 산간부에 있는 경우에는 북을 먼저 세 번 친다. 이 때 벽을 향해서 좌선하고 있던 자는 몸을 돌려서 정면을 향한다. 승당(僧堂)[16] 밖에 있던 자는 바로 일을 그치고 손을 깨끗이 씻는다. 가사(袈裟)를 제대로 몸에 걸치고 바른 자세로 승당을 향한다. 다음으로 운판(雲版)[17]이 세 번 울리는 동안에 모두가 일제히 승당으로 들어간다. 입당 시에는 침묵을 지키며, 서로 고개를 끄덕이거나 말을 주고받는다든지 웃는다든지 해서는 안 된다. 일제히 입당한 후에 승당 안에서 말을 해서는 안 된다. 무언(無言) 상태로 있어야 한다.

---

15 사원에서 음식을 조리하는 부엌이다. 일본어로는 '구인(くいん)'이라고 읽는다. 본서 〈역자 후기〉의 사진을 함께 참조.

16 사원에서 승려들이 좌선·식사·수면을 하는 장소이다. 수행승이 일상생활을 영위하는 공간인 동시에 수행을 위한 중심적인 도량 공간이다. 내당(內堂)과 외당(外堂)으로 나누어 구분한다. 본서 〈역자 후기〉의 사진을 함께 참조.

17 사원에서 사용하는 의식용 법구(法具)의 하나이다. 철 또는 청동으로 만들며 외곽의 형태가 구름 모양을 하고 있어서 운판(雲板)이라고 부른다. 전좌는 식사가 준비되면 구인(庫院) 근처에 놓인 운판을 세 번 울린다.

제3장 승당으로 들어가는 법

입 당 지 법
入堂之法。

경 합 장 어 면 전 이 입
擎合掌於面前而入。

합 장 지 두 당 대 비 단
合掌指頭當對鼻端。

두 저 지 두 저 　두 직 지 두 직
頭低指頭低，頭直指頭直。

두 약 소 사 　지 두 역 소 사
頭若少斜，指頭亦少斜。

기 완 막 교 근 어 흉 금
其腕莫教近於胸襟。

기 비 막 교 축 어 협 하
其臂莫教築於脇下。

전 문 입 자 　상 하 간 자 　병 종 남 협 입
前門入者，上下間者，竝從南頰入。

선 거 좌 족 이 입 　차 입 우 족 이 행
先擧左足而入，次入右足而行。

소 이 불 종 북 협 병 중 앙 입 자 　개 존 숭 주 지 인 야
所以不從北頰并中央入者，蓋尊崇住持人也。

주 지 인 당 수 종 북 협 병 중 앙 입
住持人當須從北頰并中央入。

약 종 중 앙 입 자 　선 거 우 족 　내 정 의 야
若從中央入者，先擧右足，乃正儀也。

어 성 승 전 문 신 흘 　우 전 신 이 취 위
於聖僧前問訊訖，右轉身而就位。

수 좌 입 당 로 　경 운 당 지 북 첨 두 하 　이 종 전 문 지 남 협 입
首座入堂路，經雲堂之北簷頭下，而從前門之南頰入。

후 문 입 자 　상 간 상 자 종 북 협 입 　선 거 좌 족
後門入者，上間牀者從北頰入，先擧左足。

하 간 상 자 종 남 협 입　선 거 우 족
下間牀者從南頰入，先擧右足。

어 성 승 후　향 동 문 신 흘　부 좌
於聖僧後，向東問訊訖，赴座。

죽 반 좌 위　혹 의 계 납 자 차　혹 유 괘 탑 전 후
粥飯坐位，或依戒臘資次，或由掛搭前後，

혹 의 피 위 재 처
或依被位在處。

단 안 거 문　필 의 계 납 자 차
但安居問，必依戒臘資次。

승당으로 들어가는 법. 얼굴 앞에 두 손을 올려 합장을 하며 들어간다. 합장은 손끝이 코 높이가 되도록 한다. 다시 말하자면 머리를 숙일 때에는 손끝도 함께 내리고, 머리를 들 때에는 손끝도 똑바로 들고, 머리를 약간 기울이면 손끝도 역시 조금 기울인다. 합장할 때의 팔은 목 언저리에 가까이 붙이면 안 된다. 팔꿈치는 옆구리 아래에 두지 않고 옆으로 향한다. 정면 입구로 들어갈 경우에 당내 중앙에서 우측인 상간(上間)에 앉는 자나 좌측인 하간(下間)[18]에 앉는 자나 모두 입구 좌측으로 들어간다. 이 때 왼쪽 발로 먼저 들어가고, 오른쪽 발을 나중에 들어간다. 일반 승려가 입구 우측이나 중앙으로 들어가지 않는 것은 주지(住持)를 존중해서이다. 주지는 입구 우측 혹은 중앙으로 들어간다. 주지가 중앙으로 들어갈 때는 오른쪽 발로 먼저 들어가는 것이 바른 방법이다. 성승(聖僧)[19] 앞에서 합장하고 머리를 숙인 후에, 몸을 오른쪽으로 틀어서 곧장 주지 자리에 앉는다. 수좌(首座)[20]가 입당하는 순로(順路)는 승당 북쪽에 있는 처마 밑 복도를 통해서 정면 입구 좌측으로 들어간

18 승당 내에서 정면을 바라보고 오른쪽을 상간(上間)이라고 하고 왼쪽을 하간(下間)이라고 한다.

19 승당의 중앙에 봉안하는 불상이다. 흔히 문수보살(文殊菩薩)·관음보살(觀音菩薩)·대가섭(大迦葉) 등을 봉안한다. 예를 들어 역자가 확인한 바에 의하면, 현재 에이헤이지(永平寺) 승당에는 문수보살이 안치되어 있다.

20 수행승 중에서 으뜸가는 위치에 있는 승려이다.

다. 대중(大衆)[21]이 후문으로 들어갈 경우에는 상간(上間)에 앉는 자는 좌측에서 왼쪽 발을 먼저 넣어서 들어가고, 하간(下間)에 앉는 자는 우측에서 오른쪽 발을 먼저 넣어서 들어간다. 그리고 성승 뒤에서 동쪽을 향해서, 즉 배후에서 성승을 향하여 합장과 머리를 숙이고 나서 각자 자리로 위치한다.

조식과 점심 공양 때의 자리 위치는 출가하여 수계(受戒)한 연수(年數)[22]에 따른 순서로 한다. 또는 그 승당에 입문한 순서로 하든지, 혹은 좌선이나 수면을 취할 때에 정해진 자리 위치에 따른다. 단지 안거(安居)[23] 기간 동안에는 반드시 출가하여 수계한 연수에 의한 순서를 따른다.

---

21 사원에 머물며 수행하는 여러 승려들을 의미한다.

22 이를 가리켜 계랍(戒臘)이라고 한다. 혹은 법랍(法臘)·하랍(夏臘)·좌랍(座臘)이라고도 한다.

23 승려가 일정한 기간 동안 사원에 머물며 오직 좌선을 중심으로 수행에 전념하는 것이다. 안거에는 하안거(夏安居)와 동안거(冬安居)가 있다. 일본어로는 안고(あんご)로 읽는다.

제4장 평상에 오르는 법

상상지법
上牀之法。

문신린위
問訊鄰位。

소위향상좌문신 칙문신상하견야
所謂向牀座問訊，則問訊上下肩也。

순전어상견 상견자좌견야
順轉於上肩，上肩者左肩也。

차문신대좌
次問訊對座。

선이우수렴좌변의수 압정어액하
先以右手斂左邊衣袖，壓定於腋下。

복이좌수렴우변의수 압정어액하
復以左手斂右邊衣袖，壓定於腋下。

연후 양수제면전가사 차병이좌수제지즉쌍족
然後，兩手提面前袈裟，次併以左手提之即雙足，

차도상근지지 이좌상연
次蹈牀近之地，而座牀緣。

차기혜
次弃鞋。

차이우수안상 차축좌각상상
次以右手按牀，次縮左脚上牀。

차수우각 거신정좌 압부어우각
次收右脚，擧身正座，壓敷於右脚。

금운 선우수안상 차축우각상상 차수좌각
今云，先右手按牀，次縮右脚上牀，次收左脚，

거신정좌 좌각압부우폐이좌
擧身正座，左脚壓敷右髀而坐。

차전가사개슬상
次展袈裟蓋膝上。

부득로내의
不得露內衣。

부득수의어상연
不得垂衣於牀緣。

수퇴신일발허지 이명호정
須退身一鉢許地，以明護淨。

일안가사 이전발우 삼두소향 시명삼정
一安袈裟，二展鉢盂，三頭所向，是名三淨。

도사 감사 부사 감원 유나 전좌 직세
都寺，監寺，副寺，監院，維那，典座，直歲，

시자등 재당외하간좌
侍者等，在堂外上間坐。

지객 욕주 당주 탄두 가방 화주등
知客，浴主，堂主，炭頭，街坊，化主等，

재당외하간좌
在堂外下間坐。

차타목어 중승집정
次打木魚，衆僧集定。

향파도자 불허입당
響罷到者，不許入堂。

차문주전운판명 대중일시하발
次聞厨前雲版鳴，大衆一時下鉢。

평상(牀)[24]에 오르는 법. 먼저 옆자리를 향해서 합장하고 머리 숙이며 인사를 한다. 이 경우에 자기 자리를 향해서 인사하면 그것으로 좌우 자리에 인사한 셈이 된다.

다음으로 왼쪽으로 방향을 틀어서 건너편 자리에 합장하고 머리를 숙인다. 먼저 오른손으로 법의(法衣) 왼쪽 소매를 추슬러서 왼쪽 겨드랑이 밑으로 집어넣고, 왼손으로 오른쪽 소매를 추슬러서 오른쪽 겨드랑이 밑으로 집어넣는다. 다음에 양손으로 앞에 늘어진 가사(袈裟)를 끌어올려 이를 왼손으로 잡고, 발을 나란히 하여 평상 가까이 다가가서, 평상 가장자리에 앉아서 신발을 벗는다. 다음으로 오른손을 평상에 대고 몸을 지탱하고, 왼발을 오른쪽 허벅지 부근에 붙이며 평상에 오른다. 오른발을 끌며 몸을 일으켜서 단정하게 앉고, 오른발을 왼쪽 허벅지 부근에 붙이는 자세를 취한다.[25] 이 자세에 관해서는 현재 오른손을 평상에 대고 몸을 지탱하고, 오른발을 왼쪽 허벅지 부근에 붙이며 평상에 오르며, 이어서 왼발을 끌어서 몸을 일으키며 단좌(端坐)하고, 왼발로 오른쪽 허벅지를 누르며 뻗는 것을 좋게 여긴다.[26]

---

24 상(牀)은 본래 인도에서 승려가 좌선이나 수면을 위해서 항상 휴대하고 다녔던 접이식의 대좌(臺座)이다. 좌상(坐牀) 혹은 선상(禪牀)이라고도 한다. 여기서는 사원의 승당에서 지상 60센티미터 정도에 설치된 다타미(疊)를 깐 평상이다. 많은 사람들이 같이 앉을 수 있도록 길게 만들었기 때문에 장연상(長連牀)이라고 부르기도 한다. 牀은 일본어로 '쇼(しょう)'라고 읽는다.

25 이는 좌선할 때에 취하는 이른바 반가부좌(半跏趺坐) 자세이다.

이어서 걷어 올린 가사를 펴서 무릎 위를 덮는다. 이 때 속옷이 보이지 않게 한다. 또한 가사를 너무 펼쳐서 평상 가장자리에까지 걸쳐서는 안 된다.[27] 반드시 평상 가장자리에서 발우(鉢盂)[28] 하나 정도 떨어지게 앉고, 평상 가장자리를 청정하게 유지하도록 힘써야 한다. 평상 가장자리는 첫째 가사를 놓아두고, 둘째 식기를 펼치고, 셋째 잘 때에 머리를 향한다는 점에서 삼정(三淨)이라고 한다.

도사(都寺)[29]·감사(監寺)[30]·부사(副寺)[31]·감원(監院)'[32]·유나(維那)[33]·전

26 이는 좌선할 때에 취하는 이른바 결가부좌(結跏趺坐) 자세이다.

27 이 평상 가장자리를 가리켜 상연(牀緣)이라고 한다. 본문에서 설명하고 있는 것처럼, 삼정(三淨)이라고 부를 만큼 청정한 공간이다. 일본어로는 쇼엔(しょうえん)이라고 읽는다.

28 사원의 승려가 사용하는 식기이다. 다른 말로는 응량기(應量器)라고 부르기도 한다. 한 벌의 식기 중에서 죽이나 밥을 담는 가장 큰 그릇을 가리키기도 하고, 식기 한 벌 전체를 가리키기도 한다. 전자의 경우는 따로 두발(頭鉢)이라고 부른다. 두발은 일본어로 '즈하쓰(ずはつ)'라고 읽는다. 본서 <역자 후기>의 사진을 함께 참조.

29 육지사(六知事) 직책 중의 하나이다. 도감사(都監寺)라고 부르기도 한다. 사원의 사무 일체를 감독하고 통괄한다.

30 육지사 직책 중의 하나이다. 사무를 총감(總監)하는 직책으로 주로 일본의 조동종(曹洞宗) 종파에서 사용하는 용어이다.

31 육지사 직책 중의 하나로 사원에서 주로 출납에 관한 업무를 담당한다.

32 사원의 사무 일체를 감독하고 통괄하는 직책이다. 감사(監寺) 대신에 부르는 용어이다. 일본어로는 '간닌(かんにん)'이라고 읽는다.

33 '維'는 통괄한다는 의미이고 '那'는 범어 karmadāna의 음역이다. 사원에서 사무를 담당하는 직책이다.

좌(典座)[34]·직세(直歲)[35]·시자(侍者)[36] 등은 당외(堂外)의 상간(上間)에 앉고, 지객(知客)[37]·욕주(浴主)[38]·당주(堂主)[39]·탄두(炭頭)[40]·가방(街坊)[41]·화주(化主)[42] 등은 당외의 하간(下間)에 앉는다.

다음으로 목어(木魚)[43]를 치고, 모든 승려들이 모여서 정해진 자리에 앉는다. 목어 소리가 멈춘 후에 도착한 자에게는 입당이 허용되지 않는다. 다음으로 주방 앞에 걸린 운판(雲版)을 한번 울리는데, 대중은 이 소리를 듣고서 일제히 발우를 내린다.

---

34 사원에서 식사를 관장하는 직책이다. 저자 도겐은 특히 이 직책을 중요하게 여겨서 『전좌교훈』을 저술하였다.

35 사원의 건축이나 수리 그리고 전답을 관리하는 직책이다.

36 지주와 같은 직책이 높은 승려를 시중들면서 비서 역할을 하는 승려이다. 규모가 큰 사원에는 소향(燒香)·서장(書狀)·청객(請客)·탕약(湯藥)·의발(衣鉢)을 담당하는 5명의 시자가 존재한다.

37 빈객(賓客)의 송영 및 접대를 담당하는 직책이다.

38 욕실을 담당하는 직책이다. 욕실은 이른바 칠당가람(七堂伽藍) 중의 하나이다.

39 연수당(延壽堂) 안의 모든 것을 담당하는 직책이다. 연수당은 수행승이 병에 걸리면 요양을 위해서 기거하는 방이나 건물이다. 이곳은 승려가 임종을 맞이하는 공간이기도 하다.

40 장작이나 숯과 같은 사원의 연료를 담당하는 직책이다.

41 사원 밖의 시내로 나가서 장보기 등을 담당하는 직책이다.

42 신도에게서 금전이나 물품을 희사 받아서 사원 경영에 보태는 역할을 한다.

43 큰 물고기 모양을 한 법구(法具)이다. 승당 외당(外堂)의 천정에 걸어 두고서 식사 시간을 알릴 때에 친다. 일본어로는 '호(梆, ほう)'라고 부르기도 한다. 본서 <역자 후기>의 사진을 함께 참조.

제5장 발우 내리는 법

하 발 지 법
下鉢之法。

거 신 안 상 기 입 정 　전 신 우 회 　향 괘 탑 단 　합 장 저 두
擧身安詳起立定，轉身右廻，向掛搭單，合掌低頭。

약 문 신 흘 취 발 　좌 수 제 발 　우 수 해 구 　양 수 탁 발
略問訊訖取鉢，左手提鉢，右手解鉤，兩手托鉢。

부 득 태 고 태 저
不得太高太低。

당 흉 전 신 상 견 곡 궁 　장 좌 이 방 발 우 어 상 견 지 배 후
當胸轉身上肩曲躬，將坐而放盋盂於上肩之背後。

부 득 장 요 배 주 비 당 저 린 위
不得將腰背肘臂撞著隣位。

고 시 가 사 　이 부 득 령 불 인 면
顧視袈裟，而不得令拂人面。

발우(鉢盂)[44] 내리는 법. 몸가짐을 단정하게 하고 곧바로 서서, 몸을 오른쪽으로 틀어 괘탑단(掛搭單)[45]을 향해서 합장하고 머리를 숙인다. 합장하고 약간 머리를 숙여서 발우를 손에 드는데, 먼저 왼손으로 발우 포장을 늘어뜨리듯이 들어올리고, 오른손으로 갈고리(鉤)[46]를 풀고 양손으로 발우를 받쳐서 든다. 너무 높이 들어도 너무 낮게 들어서도 안 된다. 발우를 가슴 앞에 두고서 몸을 왼쪽으로 틀어 몸을 굽히고 앉으면서 발우를 왼쪽 뒤에 놓는다. 이 때 자신의 허리·등·팔꿈치·팔로 옆에 있는 사람을 건드려서는 안 된다. 또한 가사를 여미는데 충분히 주의하여 다른 사람 얼굴에 닿지 않도록 한다.

---

44 앞의 역주 28)을 참조.

45 사원에 머물며 수행하는 승려의 이름을 적은 목찰(木札)을 말한다. 각자 정해진 자리의 벽 쪽에 걸어둔다.

46 괘탑단 아래에 설치한 갈고리이다. 보자기로 싼 발우를 걸어두기 위해서 사용한다.

제6장 성승에 대한 공양

차 당 차 시 성 승 시 자 공 양 성 승 반
次當此時，聖僧侍者供養聖僧飯。

행 자 경 반 반 시 자 합 장 선 반 이 보
行者擎飯盤，侍者合掌先飯而步。

시 자 공 양 성 승 반 후 어 당 면 계 하 문 신 흘
侍者供養聖僧飯後，於當面堦下問訊訖，

각 퇴 침 지 복 복 자
却槌砧之複袱子。

기 후 합 장 보 출 지 정 면 문 신 우 전 신 출 당 외
其後合掌步出，至正面問訊，右轉身出堂外，

경 지 사 상 전 이 취 위
經知事牀前而就位。

다음으로 이 때 성승(聖僧) 시자(侍者)[47]는 성승의 식사를 챙긴다. 행자가 밥을 담은 그릇[48]을 받들어 들고, 시자가 합장하고 이에 앞선다. 시자는 성승의 밥을 차려드린 후에 정면 배석(拜席) 앞에 이르러 합장하고 머리를 숙인다. 그런 다음에 퇴침(槌砧)[49]에 걸쳐 놓은 보자기를 들어 팔에 걸치고 합장한 채로 정면으로 돌아와 합장하고 머리를 숙인다. 오른쪽으로 몸을 틀어 당외(堂外)로 나와 외단(外單)[50]에 있는 지사의 평상 앞을 지나서 자신의 자리에 앉는다.

---

47 승당 중앙에 봉안한 성승(聖僧)을 시중드는 역할을 한다. 성승에 관해서는 역주 19)를 참조.

48 이 그릇을 반반(飯盤)이라고 부른다. 부처에게 공양하는 밥을 담는 그릇이다.

49 퇴(槌)와 침(枕)으로 구성된 법구이다. 槌는 손잡이가 없는 나무망치(木槌)이다. 枕는 높이 1미터 정도에 직경 20센티미터 정도 되는 팔각형 나무 받침대이다. 승려들에게 무언가 알릴 때에 먼저 퇴침을 울려서 주의를 환기시킨다.

50 승당의 내당과 외당 중에서 외당을 가리킨다.

제7장 주지의 입당

삼 통 고 성 장 파 당 전 소 종 자 명 주 지 인 입 당
三通鼓聲將罷，堂前小鐘子鳴，住持人入堂。

대 중 하 상 동
大衆下牀同。

주 지 인 문 신 성 승 파 여 대 중 문 신 연 후 취 위
住持人問訊聖僧罷，與大衆問訊，然後就位。

주 지 인 취 위 흘 대 중 방 상 상
住持人就位訖，大衆方上牀。

시 자 삼 수 주 지 인 하 당 외 도 립 후 대 중 좌 일 시 문 신
侍者參隨住持人，下堂外挑立，候大衆坐，一時問訊。

연 후 시 자 입 도 자 이 문 신 이 출
然後，侍者入棹子，而問訊而出。

주 지 발 우 안 차 도 상
住持盋盂，安此棹上。

대 중 상 상 기 혜 안 상 하 거 신 정 좌 어 포 단 상
大衆上牀，弃鞋安牀下，擧身正座於蒲團上，

불 득 삼 차
不得參差。

차 탁 발 우 안 좌 전
次托盋盂安坐前。

차 유 나 입 당 성 승 전 문 신 파 소 향
次維那入堂，聖僧前問訊罷燒香。

소 향 파 문 신
燒香罷問訊。

성 승 전 문 신 파 연 후 합 장 도 퇴 침 변
聖僧前問訊罷，然後，合掌到槌砧邊。

문 신 퇴 침 파 타 퇴 일 하 혹 불 타 퇴 대 중 방 전 발
問訊槌砧罷，打槌一下，或不打槌，大衆方展鉢。

대뢰고(大擂鼓)[51]가 세 번 울린다. 그 소리가 끝날 무렵에 승당(僧堂) 앞에 놓인 소종(小鐘)[52]이 천천히 일곱 번 울리며, 그 종소리에 맞추어 주지가 입당(入堂)한다. 이 때 대중(大衆)[53]은 일단 평상에서 내려와 주지를 기다린다. 주지는 먼저 성승(聖僧)에게 합장하고 머리를 숙이며, 다음으로 대중과 합장하고 머리를 숙인 후에 자리에 앉는다. 주지가 평상에 앉으면 대중이 평상으로 올라가 앉는다.

시자(侍者)는 주지를 따라 온 후에, 당 밖에서 나란히 서서 기다리다가 대중이 앉으면 동시에 합장하고 머리를 숙인다. 그 다음에 시자 한 명이 고궤(高机)[54]를 들고 들어와 주지 앞에 놓고서, 합장하고 머리를 숙인 후에 당에서 나간다. 주지의 발우(鉢盂)는 이 고궤 위에 놓는다.

대중은 다시 평상에 오른다. 신발을 벗어서 평상 아래에 가지런히 놓고, 몸을 일으켜서 좌포(座蒲)[55] 위에 단정하게 앉는다. 좌우에

---

51 발우를 내리는 신호를 치는 종에 이어서 큰 북을 세 번 치는데, 그 북을 가리키는 말이다. 일본어로는 '다이라이쿠(だいらいく)'라고 읽는다.

52 승당 천정에 늘어뜨린 종이다. 주지가 승당에 들어가는 것을 알린다. 이 소종이 일곱 번 천천히 울리는 동안에, 주지는 시자를 거느리고 방장(方丈)에서 승당에 이르러 입당한다.

53 앞의 역주 21)을 참조.

54 다리가 높은 탁자이다. 주지는 등받이가 달린 높은 의자에 앉기 때문에 고궤를 놓고서 그 위에 발우를 펼친다.

55 사원에서 좌선을 할 때에 엉덩이 밑에 까는 작고 두터운 방석이다.

위치한 사람과 나란히 앉아야 한다. 다음에 발우를 받들어 들고 자리 앞의 평상 가장자리에 놓는다.

이어서 유나(維那)[56]가 입당하여 성승 앞에서 합장하고 머리를 숙인 후에 향을 태운다. 향을 다 태우면 합장하고 머리를 숙인다. 성승 앞에서 합장하고 머리 숙이기가 끝난 후에, 합장한 채로 퇴침(槌砧)[57]이 있는 곳으로 간다. 퇴침을 향하여 합장하고 머리를 숙인 후에, 퇴침을 탁하고 한 번 울리거나 혹은 울리지 않은 채로, 비로소 대중이 발우를 펼치고 공양을 할 준비를 한다.

56 앞의 역주 33)을 참조.

57 앞의 역주 49)를 참조.

제8장 식기 펼치는 법

전발지법 선합장 해발우복파지결 취발식
展鉢之法，先合掌，解盋盂複帕之結，取鉢拭，

벽첩령소
襞疊令小。

소위영소자 횡절일반 수절삼중
所謂令小者，橫折一半，竪折三重。

횡안두분지후 초등시저대
橫安頭鐼之後，稍等匙筯袋。

발식장일척이촌
鉢拭長一尺二寸。

포일폭야
布一幅也。

방시저대어발식지상 차전정건이개슬
放匙筯袋於鉢拭之上，次展淨巾以蓋膝。

차개복파 향신지일각수상연 차향외일각향리이절
次開復帕，向身之一角垂牀緣，次向外一角向裏而折。

차좌우각향리절 영지발우저변
次左右角向裏折，令至盋盂底邊。

차이양수개우발단 복우수이파향신지단연
次以兩手開于鉢單，覆右手而把向身之單緣，

이개발우구상
以蓋盋盂口上，

즉이좌수이취발우 안단상지좌변
即以左手而取盋盂，安單上之左邊。

차이양수두지병취분자 종소차제전지
次以兩手頭指迸取鐼子，從小次第展之。

부득작성
不得作聲。

여좌위초착 지전삼발
如坐位稍窄，只展三鉢。

차 개 시 저 대 취 시 저
次開匙筯袋取匙筯。

출 칙 선 저 입 칙 선 시
出則先筯，入則先匙。

발 쇄 동 재 대 리
鉢刷同在帒裏。

출 시 저 횡 안 두 분 지 후
出匙筯，橫安頭鐼之後。

시 저 두 향 상 견
匙筯頭向上肩。

차 취 발 쇄 종 안 두 분 지 여 제 이 분 지 중 간 쇄 병 향 외
次取鉢刷，縱安頭鐼之與第二鐼之中間，刷柄向外，

이 대 출 생
以待出生。

차 절 시 저 대 령 소 삽 두 발 후 단 하
次折匙筯袋令小，揷頭鉢後單下。

혹 치 발 단 지 후 병 발 우 건 이 횡 안 의
或置鉢單之後，竝盋盂巾而橫安矣。

발우(鉢盂)를 펼치는 법.[58] 먼저 합장하고 발우를 싸고 있는 보자기의 매듭을 풀고, 발우에 걸쳐 놓은 포건(布巾)[59]을 들어 올려서 작게 접는다. 이 때 작게 접는 방법은 가로로 반을 접고 세로로 세 겹을 접는다. 가로로 해서 두분(頭鐼)[60]이 놓인 곳 앞에 놓고, 시저대(匙筯袋)[61] 오기를 기다리는 형태가 된다. 이 포건은 길이가 1척 2촌이다. 시저대를 접어놓은 포건 위에 놓고, 다음으로 정건(淨巾)[62]을 펼쳐서 무릎을 덮는다.

이어서 보자기를 펼친다. 먼저 바로 앞 모서리 반대편으로 보내, 평상 가장자리에 늘어뜨리고, 이어서 반대편 모서리 한쪽은 바로 앞으로 가져와서 안쪽으로 접는다. 다음으로 좌우 모서리는 안쪽으로 향하여 발우 밑에까지 접어 넣는다. 이어서 아홉 겹으로 접은

58 이처럼 발우를 펼치는 것을 가리켜 전발(展鉢)이라고 부른다. 일본어로는 '덴파쓰(てんぱつ)'라고 읽는다.

59 이 포건을 가리켜서 일본어로는 '핫시키(鉢拭)'라고 한다. 발우를 씻은 후에 닦고 말리는 데에 사용한다.

60 일본어로 즈쿤(頭鐼)이라고 한다. 발우 한 벌 중에서 죽이나 밥을 담는 가장 큰 그릇을 즈하쓰(頭鉢)라고 하며, 그 외에 작은 그릇 네 개가 더 있는데, 그 중에서 가장 큰 그릇이다. 제일분자(第一鐼子)라고 부르기도 한다. 본서 <역자 후기>의 사진을 함께 참조.

61 천으로 만든 길고 가는 주머니이다. 주머니 안쪽에는 발쇄(鉢刷)를 넣고, 바깥 입구 쪽에는 숟가락(匙)과 젓가락(筯)을 넣어서 둘로 접게 되어 있다. 이 때문에 시저대(匙筯袋)라고 부른다. 본서 <역자 후기>의 사진을 함께 참조.

62 죽이나 국으로 가사를 더럽히지 않도록 무릎 위에 펼치는 천이다.

발단(鉢單)[63]을 양손으로 당겨 열어서, 오른손으로 누르고, 발단의 바로 앞 오른쪽 가장자리를 잡고, 발우 위에 겹치듯이 놓고, 왼손으로 밑에서부터 발우를 들어 올려서, 발단 왼쪽 가장자리에 놓는다. 다음으로 양손의 엄지손가락을 분자(鐼子)[64] 안에서 밖으로 향하게 대고, 분자를 꺼내서, 작은 것부터 순서대로 늘어놓는다. 이 때 소리를 내지 말아야 한다.

좌석이 좁은 경우에는 발우·두분(頭鐼)·제이분(第二鐼) 등 삼발(三鉢)을 늘어놓기만 한다. 제삼분(第三鐼)은 제이분 밑에 놓는다. 다음으로 시저대를 펼쳐서 숟가락과 젓가락을 꺼낸다. 꺼낼 때는 항상 젓가락을 먼저, 그리고 넣을 때는 숟가락을 먼저 넣는다. 발쇄(鉢刷)[65]도 숟가락 젓가락과 함께 시저대에 들어 있다. 숟가락과 젓가

63 밥상 대신에 사용하는 깔개이다. 화지(和紙)를 겹쳐 붙이고 그 위에 옻칠을 하여 만든다. 가로 30센티미터 세로 26센티미터이다. 발우 일체를 이 위에 올려놓는다. 일본어로 '핫탄(はったん)'이라고 읽는다. 본서 <역자 후기>의 사진을 함께 참조.

64 즈하쓰(頭鉢) 안에 겹쳐서 집어넣는 크고 작은 그릇이다. 일본어로는 '군스(くんす)'라고 한다. 크기 순서에 따라서 제일분자(第一鐼子), 제이분자(第二鐼子), 제삼분자(第三鐼子), 제사분자(第四鐼子) 라고 부른다. 제일분자는 즈쿤(頭鐼)이라고 따로 부르기도 한다. 이들 그릇은 죽을 나누어 담거나 반찬을 담을 때에 사용한다. 본서 <역자 후기>의 사진을 함께 참조.

65 자처럼 생긴 길고 얇은 나무판 끝에 천을 붙인 도구이다. 식사 후에 그릇에 붙은 음식 찌꺼기를 제거하고 그릇을 씻을 때에 사용하는 일종의 주걱이다. 일본어로 '핫세쓰(はっせつ)'라고 한다. 본서 <역자 후기>의 사진을 함께 참조.

락을 꺼냈다면 가로로 하여 두분 뒤에 놓는다. 이 때 숟가락과 젓가락의 윗부분이 왼쪽을 향하도록 한다. 이어서 발쇄를 꺼내서 세로로 하여, 두분과 제이분 사이에 놓는다. 그 손잡이(柄)는 출생(出生)[66]에 대비하여 밖을 향하게 놓는다. 다음으로 시저대를 작게 접어서 두분 바로 앞의 발단 밑에 집어넣는다. 혹은 발단 바로 앞에 놓는다. 말하자면 포건과 함께 가로로 놓아두는 것이다.

66 자신에게 배식된 밥 중에서 밥알 7개 정도를 발쇄(鉢刷) 손잡이 위에 올려놓은 것을 말한다. 그 밥을 가리켜 생반(生飯)이라고 부른다. 귀신·아귀·새 등에게 베푸는 밥이다.

제9장 식전 기원

여우길흉재 설행향파거로
如遇吉凶齋，設行香罷踞爐。

행향시 거수합장 부득어소점두동신
行香時，擧手合掌，不得語笑點頭動身。

당수묵좌
當須默坐。

차유나타퇴일하왈 계수박가범 원만수다라
次維那打槌一下曰，稽首薄伽梵，圓滿修多羅，

대승보살승 공덕난사의 금신수설유소
大乘菩薩僧，功德難思議,今晨修設有疏，

공대운당대신선표
恭對雲堂代伸宣表。

복유자증
伏惟慈證。

선소파왈 상래문소 이구피선
宣疏罷曰，上來文疏，已具披宣。

성안무사
聖眼無私。

양수조감
諒垂照鑒。

앙빙존중염
仰憑尊衆念。

차시대중합장 유나고성념왈 청정법신비로자나불
此時大衆合掌，維那高聲念曰，清淨法身毘盧遮那佛，

원만보신로사나불
圓滿報身盧遮那佛，

천백억화신석가모니불 당내하생미륵존불
千百億化身釈迦牟尼佛，當來下生彌勒尊佛，

시방삼세일체제불
十方三世一切諸佛，

대 중 묘 법 연 화 경　　대 성 문 수 사 리 보 살　　대 승 보 현 보 살
大衆妙法蓮華經，大聖文殊師利菩薩，大乘普賢菩薩，

대 비 관 세 음 보 살
大悲觀世音菩薩，

제 존 보 살 마 하 살　　마 하 반 야 바 라 밀
諸尊菩薩摩訶薩，摩訶般若波羅蜜

하 퇴 태 질 즉 타 불 각　　하 퇴 태 만 즉 타 저 불 정
下槌太疾即打佛脚，下槌太慢即打著佛頂。

여 우 심 상 전 설　　즉 백 퇴 왈　　앙 유 삼 보 함 사 인 지
如遇尋常填設，即白槌曰，仰惟三寶咸賜印知，

갱 불 탄 불 야
更不歎佛也。

만약 길흉재(吉凶齋)[67]를 거행하게 되면, 시주(施主)가 행향(行香)[68]하고 거로(踞爐)[69]를 한다. 행향하는 동안에 대중(大衆)[70]은 합장한 채로 있어야 한다. 이야기를 하거나, 웃거나, 서로 고개를 끄덕이거나, 몸을 움직여서는 안 된다. 침묵한 채 단좌(端座)하고 있어야만 한다.

다음으로 유나(維那)[71]가 퇴침(槌砧)[72]을 한 번 두드리고 다음과 같이 경문을 읽는다. "소(疏)[73] 있으니, 존귀한 부처님과 완전무결한 그 가르침과, 그에 따르며 수행하는 대중 보살들. 이 불법승(佛法僧) 삼보(三寶)[74]의 공덕은 헤아릴 수 없습니다. 오늘 아침 시주가 공양

---

67 길재(吉齋)는 축일(祝日)이나 기도를 올릴 때에, 흉재(凶齋)는 기일(忌日)에 추선공양을 할 때에 행한다. 신자가 시주가 되어 승려에게 특별히 공양하는 식사이다.

68 시주가 특별히 공양하는 식사에서 손잡이가 달린 향로에 향을 태워서 들어올리고, 승당 안을 한 바퀴 돌며 공양을 드리는 의식이다.

69 무릎을 바닥에 대고 상체는 세운 채로 경의를 표하며 손잡이가 달린 향로에 향을 피우는 의식이다.

70 앞의 역주 21)을 참조.

71 앞의 역주 33)을 참조.

72 앞의 역주 49)를 참조.

73 불전에 공양을 드리는 주지(主旨)를 알리는 서원문이다. 다른 말로 선소(宣疏)라고도 한다.

74 불·법·승 세 가지를 의미한다. 불교를 구성하는 가장 중요한 요소이다. 불교도가 귀의하고 존중해야만 한다는 의미에서 '寶'라고 하였다.

할 때에, 여기 그 주지(主旨)를 적은 표백문(表白文)[75]이 있습니다. 제가 지금 이를 공손하게 승당에 계신 여러분을 향하여, 시주를 대신하여 말씀 드립니다. 자비로움으로 시주의 참된 마음이 증명되기를 바라옵니다." 이 때 유나는 공양의 주지를 적은 소(疏)를 읽고, 읽기가 끝나면 다음과 같이 말한다. "이상 말씀드린 소(疏), 이미 자세히 피로(披露)하였습니다. 부처님의 안목은 공평무사합니다. 부디 그 대자대비하신 안목으로 시주의 참된 마음을 헤아려 주시옵소서. 이제 공손하게 모든 대중들의 힘에 의지하여 존호를 외칩니다." 이 때 대중은 합장하고 유나는 고성으로 다음과 같이 십불(十佛)[76]의 명호를 외친다.

청정한 법신(法身)[77]이신 비로자나불(毗盧遮那佛)
원만한 보신(報身)[78]이신 노사나불(盧舍那佛)
천백억 화신(化身)[79]이신 석가모니불(釋迦牟尼佛)

---

75 표백(表白)이란 법회의 주지(主旨)를 적은 문장을 불전에서 읽어 삼보(三寶) 및 법회에 모인 사람들에게 알리는 것을 의미한다.

76 일반적인 용어로는 『화엄경(華嚴經)』에서 말하는 정각불(正覺佛), 원불(願佛), 업보불(業報佛), 주지불(住持佛), 화불(化佛), 법계불(法界佛), 심불(心佛), 삼매불(三昧佛), 성불(性佛), 여의불(如意佛)을 가리킨다.

77 법신·보신·화신은 부처의 삼신이다. 법신은 법성진여(法性眞如) 그 자체를 체득하여 형태를 초월한 부처이다.

78 과거에 부처가 될법한 수행을 쌓은 보답으로 획득한 법신이다.

미래에 이 세상에 출현하실 미륵보살(彌勒菩薩)[80]

시방삼세(十方三世)[81]의 일체제불(一切諸佛)

대승(大乘)을 설하시는 묘법연화경(妙法蓮華經)[82]

대성(大聖)하신 문수사리보살(文殊師利菩薩)[83]

대승(大乘)의 보현보살(普賢菩薩)[84]

대비(大悲)하신 관세음보살(觀世音菩薩)[85]

---

79 중생을 구제하기 위해서 임시로 이 세상에 출현한 부처이다. 다른 말로는 응신(應身) 혹은 응화신(應化身)이라고 한다.

80 석가모니 부처의 입멸 후 오십육억칠천만 년이 지나면 이 세상에 출현하여 석가모니에 이어서 부처가 된다는 보살이다. 참고로 중국 사원에는 미륵보살의 화신으로 여기는 포대화상(布袋和尚)의 상(像)을 천왕전(天王殿) 정면에 안치한다.

81 시방은 동서남북 사방과 그 중간 방위인 북서·남서·남동·북동의 사유(四維)에 상하를 더한 전방위를 말한다. 삼세는 시간 구분인 과거·현재·미래를 말한다. 대승불교에서는 시방에 무수한 세계가 존재하며 그 세계에 수많은 부처가 두루 존재한다고 해석한다.

82 흔히 줄여서 『법화경(法華經)』이라고 부른다. 대승불교의 여러 경전 중에서 특히 중요하게 여기는 대표적인 경전이다.

83 부처의 제자 중에서 특히 지혜가 뛰어난 보살이다. 부처의 지(智)·혜(慧)·증(證)의 덕을 대표한다. 흔히 보현보살과 함께 석가여래상의 좌우 협사(脇士)로 모셔진다.

84 부처의 이(理)·정(定)·행(行)의 덕을 대표한다. 지혜로운 문수보살과 대비하여 행원(行願)의 보현이라고 일컫는다. 흔히 문수보살과 함께 석가여래상의 좌우 협사(脇士)로 모셔진다.

85 자비로운 보살로 잘 알려져 있다. 흔히 줄여서 관음이라고 부른다. 『관음경(觀音經)』에 의하면 삼십삼신(三十三身)으로 변신하여 모든 중생을 고통에

제존(諸尊) 보살마하살(菩薩摩訶薩)[86]

마하반야바라밀(摩訶般若波羅蜜)[87]

이 십불의 명호를 외칠 때에, 유나 화상은 각 부처님마다 퇴침을 한 번씩 두드리는데, 너무 빨리 두드리면 앞의 부처님 명호 말미를 치게 되고, 너무 늦게 두드리면 다음 부처님 명호 앞을 두드리게 되어, 송구스럽기 때문에 주의가 필요하다.

만일 성대하게 거행할 경우에도, 특별한 주지(主旨)가 없는 경우에는 유나가 곧장 망치를 두드리며, "부디 불법승 삼보께서 빠짐없이 살펴주시기 바랍니다."라고 외친다. 이어서 십불(十佛)의 명호를 외치며 '계수박가범(稽首薄伽梵)'[88]으로 시작하는 탄불게(嘆佛偈)[89]는 외치지 않는다.

서 구제한다.

86 보살과 마하살은 같은 의미로 동의어를 반복하였다.

87 위대하고 완전한 지혜라는 의미이다. 지혜는 육바라밀(六波羅密)이라고 부르는 보시(布施)·지계(持戒)·인욕(忍辱)·정진(精進)·선정(禪定)·지혜(智惠) 중에서 가장 중요하게 여긴다.

88 계수는 극진히 존경하여 이마가 땅에 닿도록 몸을 굽혀 절한다는 의미이다. 박가범은 산스크리트어 bhagavat의 음사이다. 유덕(有德)·중우(衆祐)·세존(世尊)이라 번역한다. 모든 복덕을 갖추고 있어서 세상 사람들의 존경을 받는 자라는 뜻으로 부처를 의미한다.

89 부처의 덕을 찬탄하는 게송(偈頌)이다.

제10장 시식 기원

십성불파 타퇴일하 수좌시식
十聲佛罷，打槌一下，首座施食。

죽시왈 죽유십리 십리자 일자색 이자력
粥時曰，粥有十利，十利者，一者色，二者力，

삼자수 사자락 오자사청변 육자숙식제
三者壽，四者樂，五者詞清辨，六者宿食除，

칠자풍제 팔자기소 구자갈소 십자대소변조적
七者風除，八者飢消，九者渴消，十者大小便調適。

승지율
僧祇律。

요익행인 과보무변 구경상락
饒益行人，果報無邊，究竟常樂。

재시왈 삼덕육미 삼덕자 일경연 이정결
齋時曰，三德六味，三德者，一輕軟，二淨潔，

삼여작법
三如作法。

육미자 일자고 이초 삼감 사신 오함 육담
六味者，一者苦，二醋，三甘，四辛，五鹹，六淡。

열반경운운
涅槃經云云。

시불급승 법계유정 보동공양
施佛及僧，法界有情，普同供養。

수좌합장 인성이창
首座合掌，引聲而唱。

수좌약불부당 차좌창지
首座若不赴堂，次座唱之。

십불(十佛)의 명호 부르기가 끝나면, 유나(維那)가 퇴침(槌砧)을 한 번 두드려서 소리를 내고, 수좌(首座)가 시식게(施食偈)[90]를 구송한다. 아침에 죽을 먹을 때는 다음과 같이 구송한다.

죽에는 열 가지 공덕이 있어서 수행자에게 이익을 가져다준다. 열 가지 공덕이란 다음과 같다. 첫째 혈색을 좋게 한다. 둘째 힘이 난다. 셋째 수명을 연장한다. 넷째 고통이 없다. 다섯째 말을 분명하게 한다. 여섯째 가슴 답답함이 낫는다. 일곱째 감기가 낫는다. 여덟째 공복을 달랜다. 아홉째 목마름이 해소된다. 열째 대소변 보기가 편해진다. 『승지율(僧祇律)』[91]에 다른 사람을 이익되게 하는 사람은 그 과보(果報)가 다함이 없고 영원한 즐거움을 얻게 된다고 하였다.

점심 식사 때에는 다음과 같이 구송한다. 삼덕(三德)[92]과 육미(六味)[93]가 갖추어진 이 식사를 부처님과 승려와 이 세상에 살아있는 자에게 베풀어, 모든 이에게 똑같이 공양을 드립니다. 『열반경(涅槃經)』[94]에 이르기를, 삼덕이란 첫째 부풀어서 부드러운 것, 둘째 청

---

90 시식은 식사를 베풀어 공양한다는 의미이다. 시식게는 그 게송이다.

91 중국 동진(東晉) 시대에 성립한 것으로 알려진 교단 규율집의 하나이다.

92 음식이 깔끔하여 입에 잘 맞는 경연(輕軟), 정갈하고 깔끔한 청결(淸潔), 바른 순서와 방법에 따라서 만드는 여작법(如作法) 등의 세 가지 덕목이다.

93 본문에서 설명하고 있는 것처럼, 음식의 기본적인 여섯 가지 맛이다. 한국이나 중국에서는 전통적으로 오행(五行) 사상의 영향으로 오미(五味)를 꼽는다. 일본에서는 오미에 담미(淡味)를 더해서 육미를 꼽는다.

결한 것, 셋째 부처님 가르침에 따라서 만들어진 것이다. 육미란 첫째 쓴맛(苦), 둘째 신맛(醋), 셋째 단맛(甘), 넷째 매운맛(辛), 다섯째 짠맛(鹹), 여섯째 담백한 맛(淡)이라고 한다.

이들 게(偈)는 수좌가 합장하고 목소리를 길게 뽑아서 구송한다. 수좌가 일이 있어서 승당(僧堂)에 갈 수 없을 경우에는 서기(書記)가 대신 구송한다.

94 『대반열반경(大盤涅槃經)의 약칭이다. 석존(釋尊)의 입멸(入滅)에 관해서 기술한 경전이다. 남방과 북방의 두 가지 열반경이 있다.

제11장 상차림 보고

시식흘 행자갈식입
施食訖，行者喝食入。

갈식행자선입전문 향성승문신흘 향주지인전
喝食行者先入前門，向聖僧問訊訖，向住持人前。

문신주지인흘 도수좌전문신흘
問訊住持人訖，到首座前問訊訖，

도전문내남협판두지반 면향성승문신흘
到前門內南頰板頭之畔，面向聖僧問訊訖，

차수이립갈식
叉手而立喝食。

갈식수언어분명 명목부잠
喝食須言語分明，名目不賺。

약유차오 수식지법불성
若有差悞，受食之法不成。

수영재갈
須令再喝。

식편 유나백식퇴일하 수좌읍식 관상흘
食遍，維那白食槌一下，首座揖食，觀想訖，

대중방식
大衆方食。

수좌(首座)의 시식게(施食偈)[95] 구송이 끝나면, 갈식(喝食)[96]을 맡은 행자가 식사 진행 작업을 보고하기 위해서 승당 안으로 들어온다. 갈식 행자는 먼저 앞문으로 들어와서 성승(聖僧)[97]을 향하여 합장하고 머리를 숙인 후에, 성승의 뒤를 돌아서 주지 앞으로 간다. 주지에게 합장하고 머리를 숙이고 나서 왼쪽으로 이삼 보 걸어가 수좌 앞에 이르러 합장하고 머리를 숙인다. 그런 후에 돌아와서 앞문 안에 있는 남협판두(南頰板頭)[98]의 옆, 즉 서당(西堂)의 자리 옆에 이르러 성승 쪽을 향하여 위치를 바로 하여, 합장하고 머리를 숙인 후에 차수(叉手)[99]하고 선 채로 갈식(喝食)을 한다. 갈식을 할 때에는 말을 분명히 하여, 품목이나 동작 이름을 잘못 전달하지 않도록 한다. 만약 잘못이 있었을 경우에, 그대로는 수식(受食) 절차가 성립하지 않으므로, 반드시 바로잡아서 전해야 한다. 이후 모두에게 식사

95 앞의 역주 90)을 참조.

96 식사 종류나 식사 중의 행위 및 동작을 모두에게 큰 목소리로 알리는 것을 말한다. 이를 행하는 승려를 갈식행자(喝食行子)라고 한다.

97 앞의 역주 19)를 참조.

98 남협은 승당 안의 특정한 공간을 가리키는 말이며 판두는 승당 안의 각 상(牀) 중에서 수위(首位)를 의미한다. 판두는 판수(板首)라고도 부른다. 남협판두는 서당(西堂)이 앉는 자리를 의미한다.

99 본래 중국에서 일반적으로 행하던 예법이 선원에 전해진 것이다. 왼손으로 엄지손가락을 가운데 넣어서 주먹을 쥐고 오른손 다섯 손가락으로 이를 덮어서 가슴 앞으로 가져가는 동작을 취한다.

를 배식하였을 때에, 유나(維那)가 편식퇴(偏食槌)[100]를 한번 치고, 수좌(首座)가 식사에 대하여 차수하고 머리를 숙여, 그 공덕에 관해서 생각한 후에 비로소 먹도록 한다.

100 퇴침으로 식사를 전원에게 배식하였음을 알리는 신호이다.

제12장 시재 기원

유 나 어 성 승 장 후 전 신 문 신 수 좌
維那於聖僧帳後轉身，問訊首座。

급 청 수 좌 시 재 야
及請首座施財也。

각 귀 퇴 본 위 타 퇴 일 하 수 좌 시 재 왈 재 법 이 시
却歸槌本位，打槌一下，首座施財曰，財法二施，

공 덕 무 량 단 바 라 밀
功德無量，檀波羅蜜，

구 족 원 만
具足圓滿。

유나(維那)가 퇴침(槌砧)이 놓인 곳에서 성승(聖僧)의 뒤를 돌아, 수좌(首座) 앞에 이르러 합장하고 머리를 숙인다. 이 동작이 수좌에게 시재게(施財偈)[101] 구송하기를 청하는 인사이다. 유나는 퇴침이 놓인 곳으로 돌아가 퇴침을 한번 두드린다. 그러면 수좌가 다음과 같이 시재게를 구송한다. "물질에 의한 베풀기와 가르침에 의한 베풀기, 이 두 가지 베풀기 공덕은 헤아릴 수 없다. 지금 이 식사의 시주(施主)에 의한 재시(財施)[102]와 우리들 승려에 의한 법시(法施)[103]에 의해서, 완전한 보시행(布施行)[104]이 원만하게 성취되게 하소서."

101 시재는 승려에게 재물을 보시한다는 의미이다. 시재게는 그 게송이다.

102 탐욕스러운 마음에서 벗어나 부처와 승려에게 의식(衣食)을 공양하는 것이다.

103 승려가 교법을 설교하는 것이다.

104 이 보시행을 가리켜 불교 용어로 단바라밀(檀波羅蜜)이라고 한다.

제13장 시중을 드는 법

행 식 지 법
行食之法。

행 식 태 속 자 수 자 창 졸
行食太速者，受者倉卒。

행 식 태 지 좌 구 성 로
行食太遲，坐久成勞。

행 식 수 정 인 수 행
行食須淨人手行。

부 득 승 가 자 수 취 식
不得僧家自手取食。

정 인 행 익 시 자 수 좌 차 제 이 행 귀 우 주 지 인 행 익
淨人行益，始自首座，次第而行，歸于住持人行益。

정 인 례 합 저 세
淨人禮合低細。

갱 죽 지 류 부 득 오 승 수 급 발 우 연
羹粥之類不得污僧手及盋盂緣。

점 표 삼 양 하 양 구 행 지
點杓三兩下，良久行之。

곡 신 렴 수 당 흉 이 행
曲身斂手，當胸而行。

죽 반 다 소 각 수 승 의
粥飯多少，各隨僧意。

부 득 수 수 제 염 초 통 자
不得垂手提鹽醋桶子。

행 익 처 여 체 분 해 수 당 수 배 신
行益處如嚏噴咳嗽，當須背身。

여 통 지 인 법 수 여 법
舁桶之人法須如法。

시중을 드는 법. 식사를 시중드는 시간이 너무 빠르면 시중을 받는 사람들이 당황하게 된다. 또한 너무 느리면 앉아있는 시간이 너무 길어서 피곤을 느끼게 된다. 식사를 시중들 때는 마땅히 담당 승려인 정인(淨人)[105]이 담아서 건네주어야지, 음식을 받는 사람이 직접 음식을 취해서는 안 된다. 정인이 음식을 담을 때에는 먼저 수좌(首座)부터 시작하여 순서대로 담으며, 마지막으로 주지 자리로 돌아가서 담는다. 정인의 동작은 정중해야 한다.

음식을 그릇에 담을 때에 뜨거운 것이나 죽이 이를 받는 자의 손이나 발우(鉢盂)[106] 가장자리에 묻어서는 안 된다. 이를 위해서 국자를 두세 번 위아래로 흔들고, 잠깐 멈추었다가 그릇에 담아 건네도록 한다. 몸을 숙이고, 손을 몸에 붙이고 가슴 부근에 두고서 담아서 건넨다. 그릇에 담는 죽이나 밥의 양은 이를 받는 사람의 의향에 따른다. 소금이나 식초를 넣은 통을 들 때에, 손을 늘어뜨리고 들어서는 안 된다. 만약 음식을 담고 있을 때에 재채기나 기침이 나오면, 반드시 뒤를 향해서 해야 한다. 밥통 등을 둘이서 들 때의 요령도 이 같은 방법에 따라야 한다.

---

105 승당에서 죽과 밥을 배식하는 역할을 맡은 승려이다.

106 앞의 역주 28)을 참조.

제14장 식사 받아 드는 법

수 식 지 법 공 경 이 수
受食之法，恭敬而受。

불 언 공 경 수 식 응 당 학
佛言，恭敬受食，應當學。

약 식 미 지 막 예 신 기 발 걸 색
若食未至莫豫申其鉢乞索。

양 수 봉 발 저 수 봉 발 리 발 단 평 정 수 발 우 이 수
兩手捧鉢，低手捧鉢離鉢單，平正手盞盂而受。

응 량 이 수 물 교 유 여
應量而受，勿教有餘。

혹 다 혹 소 이 수 차 지
或多或少，以手遮之。

범 소 수 식 부 득 파 시 저 어 정 인 수 중 자 초 발 취
凡所受食，不得把匙筯於淨人手中自抄撥取。

부 득 과 시 저 여 정 인 영 승 식 기 중 취 식
不得過匙筯與淨人，令僧食器中取食。

고 인 운 정 의 수 식 평 발 수 갱 반
古人云，正意受食，平鉢受羹飯。

갱 반 구 식 당 이 차 식
羹飯俱食，當以次食。

부 득 이 수 주 슬 수 식
不得以手拄膝受食。

약 정 인 창 졸 병 설 급 채 즙 등 병 락 완 기 중 필 수 경 수
若淨人倉卒，餠屑及菜汁等，迸落碗器中，必須更受。

유 나 미 백 편 퇴 부 득 경 발 작 공 양
維那未白遍槌，不得擎鉢作供養。

식사를 받아드는 법. 삼가고 공경하는 마음으로 받아든다. 부처님도 "공경하게 음식을 받으라."라고 말씀하셨다. 이를 배워야 한다. 만약 시중을 드는 승려인 정인(淨人)[107]이 아직 자신이 있는 곳까지 오지 않았는데, 먼저 발우(鉢盂)를 내밀어 음식을 청해서는 안 된다.

양손으로 발우를 받들고, 손을 내려서 발단(鉢單)[108]보다 앞쪽에 발우를 받들어 들고, 손에 든 발우를 수평으로 유지하며 음식을 받아든다. 각자 필요한 양만큼만 받아서, 마지막에 먹다 남은 음식이 없도록 해야 한다. 이를 위해서는 받아든 음식의 양이 많거나 적으면, 손으로 저지하며 신호를 보낸다. 어떤 음식을 받아들 때에도 숟가락이나 젓가락을 사용하여 정인(淨人)이 들고 있는 그릇 안에서 자신이 직접 음식을 취해서는 안 된다. 또한 숟가락이나 젓가락을 정인에게 건네서, 자신의 그릇에 담도록 해서는 안 된다. 고인(古人)이 이르기를, "마음가짐을 바르게 하여 식사를 받아 드시오. 발우를 평평하게 하여 죽이나 밥을 받아 드시오. 국과 밥은 어느 한쪽에 치우치지 않도록 균형 있게 먹고, 순서대로 양쪽을 드시오."라

107 앞의 역주 105)를 참조.

108 밥상 대신에 사용하는 깔개이다. 화지(和紙)를 겹쳐 붙이고 그 위에 옻칠을 하여 만든다. 가로 30센티미터 세로 26센티미터이다. 발우 일체를 이 위에 올려놓는다. 일본어로는 '핫탄(はったん)'이라고 읽는다. 본서 〈저자 후기〉의 사진을 함께 참조.

고 말씀하셨다.

손을 무릎에 놓은 채로 음식을 받아서는 안 된다. 만약 정인이 실수하여 떡 부스러기나 반찬, 그리고 국 등을 흘리면서 발우에 넣었을 때는, 반드시 새로 받도록 한다.

유나(維那)[109]가 음식을 모두에게 배식을 마친 신호인 편식퇴(偏食槌)[110]를 치기 전까지는, 발우를 양손으로 받들고 공양하는 다음 동작으로 들어가서는 안 된다.

---

[109] 앞의 역주 33)을 참조.

[110] 앞의 역주 100)을 참조.

제15장 다섯 가지 명상

후 문 편 퇴　합 장 읍 식　차 작 오 관
候聞遍槌，合掌揖食，次作五觀。

일 계 공 다 소 량 피 래 처
一計功多少量彼來處。

이 촌 기 덕 행 전 결 응 공
二忖己德行全缺應供。

삼 방 심 리 과 탐 등 위 종
三防心離過貪等爲宗。

사 정 사 양 약 위 료 형 고
四正事良藥爲療形枯。

오 위 성 도 고 금 수 차 식
五爲成道故今受此食。

모두에게 식사를 배식하였다는 신호인 편식퇴(偏食槌) 소리가 들리면, 합장하고 음식에 대해 머리를 숙이고, 다음 다섯 가지 사항을 마음에 새기며 반성한다.

첫째 눈앞에 놓인 음식이 만들어지기까지, 얼마나 많은 공을 들였는지 생각하고, 각각의 음식 재료가 여기 놓이기까지의 과정을 생각한다.

둘째 이 식사를 받는 것은 수많은 사람들의 공양을 받는 것과 다름없는데, 자신은 그 공양을 받기에 충분한 바른 수행을 하고 있는 지를 반성하며 공양을 받는다.

셋째 평상시에 혼미한 마음이 생기지 않도록, 또한 잘못을 범하지 않도록 주의하지만, 그 때마다 탐욕스런 마음, 노여워하는 마음, 도리를 모르는 어리석은 마음 세 가지를 근본적으로 반성한다. 식사할 때도 역시 마찬가지이다.

넷째 이처럼 음식을 먹는 것은 단적으로 말해서 양약(良藥)을 먹는 것과 같다. 이는 이 몸이 야위고 쇠약해지는 것을 막아주기 때문이다.

다섯째 지금 이처럼 공양을 받는 것은, 불도(佛道)를 성취하기 위한 큰 목표가 있는 것이다.

제16장 귀신 무리에 대한 공양

연 후 출 관
然後出觀。

미 출 작 관 부 득 출 생
未出作觀，不得出生。

차 출 생 이 우 수 대 지 두 지 취 반 칠 립 안 발 쇄 병 상
次出生，以右手大指頭指取飯七粒，安鉢刷柄上。

혹 안 발 단 지 연
或安鉢單之緣。

범 출 생 반 불 과 칠 립
凡出生飯，不過七粒。

병 면 등 류 불 과 여 반 전 대
餠麵等類，不過如半錢大。

이 금 죽 시 불 출 생
而今粥時不出生。

고 시 용 지
古時用之。

부 득 이 시 저 출 생
不得以匙筯出生。

출 생 흘 합 장 묵 연
出生訖，合掌默然。

마음을 고요하게 하고, 앞의 다섯 가지 사항에 대해서 관찰하고 반성한 후에, 눈앞의 현실에 마음을 돌린다. 작관(作觀)[111]을 행하고 있는 도중에 출생(出生)[112]을 하는 다음 순서로 넘어가서는 안 된다.

이어서 생반(生飯)[113]을 내놓는데, 이때는 오른손 엄지와 검지로 밥알 일곱 개를 집어서, 발쇄(鉢刷)[114] 손잡이 위에 놓는다. 혹은 발단(鉢單)[115]의 가장자리 위에 놓는다. 생반을 차릴 때에는 항상 일곱 톨을 차리도록 한다. 떡이나 면 종류의 경우는 반전(半錢) 정도 크기로 한다. 현재는 조식으로 죽을 먹을 때에는 생반을 차리지 않지만 과거에는 차렸다. 또한 생반을 차릴 때에는 숟가락이나 젓가락을 사용하지 않고, 손가락으로 직접 집어야 한다. 생반을 차린 후에는 합장하고서 정숙을 유지한다.

---

111 작관은 '觀'을 행한다는 의미이다. 마음을 고요히 하여 오관(五觀)의 게(偈) 각각에 관해서 생각하며 반성하는 것이다.

112 생반(生飯)을 베푸는 것을 말한다. 생반에 관해서는 본문에 설명되어 있다. 이어지는 역주를 함께 참고.

113 귀신·아귀·새 등에게 밥을 베푸는 것이다. 산반(散飯)이라고도 한다. 일본어로는 '사바(さば)'라고 읽는다. 앞의 역주 66)을 함께 참조.

114 자처럼 생긴 길고 얇은 나무판 끝에 천을 붙인 도구이다. 식사 후에 그릇에 붙은 음식 찌꺼기를 제거하고 그릇을 씻을 때에 사용하는 일종의 주걱이다. 일본어로 '핫세쓰(はっせつ)'라고 한다.

115 앞의 역주 63)을 참조.

제17장 죽 받아 드는 법

조 신 끽 죽 지 법
早晨喫粥之法。

수 죽 어 두 발 이 안 발 설 상
受粥於頭鉢，而安鉢揲上。

시 지 이 우 수 파 두 분 이 평 좌 장 이 안 지
時至以右手把頭鐼，而平左掌以安之，

지 두 소 구 이 구 분
指頭少龜而拘鐼。

차 우 수 파 시 요 수 두 발 지 죽 어 두 분
次右手把匙，舀受頭鉢之粥於頭鐼。

차 시 근 분 어 두 발 지 상 견 요 취 칠 팔 시 허 취 두 분 어 구
此時，近鐼於頭鉢之上肩，舀取七八匙許，就頭鐼於口，

이 용 시 이 끽 죽
而用匙以喫粥。

여 시 삭 번 진 죽 위 도
如是數番，盡粥爲度。

연 후 두 발 지 죽 초 장 진 지 시 안 두 분 지 죽 어 발 단
然後，頭鉢之粥，稍將盡之時，安頭鐼之粥於鉢單。

차 파 두 발 이 끽 진 기 죽 흘 사 쇄 파 안 두 발 어 발 설
次把頭鉢而喫盡其粥訖，使刷罷安頭鉢於鉢揲

차 파 두 분 이 끽 진 기 죽 흘 사 쇄 교 정 차 대 세 발 수 의
次把頭鐼而喫盡其粥訖，使刷教淨，且待洗鉢水矣。

아침에 죽을 받아먹는 법. 급식을 맡은 승려인 정인(淨人)이 담아 준 죽을 두발(頭鉢)에 받아서, 받침대인 발설(鉢揲)[116] 위에 놓는다. 오관(五觀)도 끝나고 이윽고 먹을 시간이 되면, 오른손으로 위에서 두분(頭鐼)[117]을 집어서, 평평하게 펼친 왼쪽 손바닥 위에 놓는다. 이 때 무지(拇指) 끝을 조금 굽혀서, 두분 가장자리에 걸치고 안정시킨다. 이어서 오른손으로 숟가락을 잡고, 두발(頭鉢)에 담긴 죽을 떠서 두분에 나누어 담는다. 이 때 두분을 두발 왼쪽으로 가까이하여, 일곱이나 여덟 숟가락 정도 뜨면 두분을 입 가까이 대고 숟가락을 사용하여 죽을 먹는다. 이를 여러 번 반복한 후에 두발에 담긴 죽이 남지 않도록 하는 것이 좋다. 그리하여 두발에 담긴 죽이 거의 남지 않았을 때에, 죽을 퍼 담는 두분을 일단 발단(鉢單) 위에 놓는다. 다음으로 두발을 들고서 남아있는 죽을 모두 먹고, 발쇄(鉢刷)를 사용하여 깨끗하게 다 먹었다면, 그 두발을 발설 위에 놓아둔다. 이어서 일단 놓아둔 두분을 들고서 안에 담긴 죽을 다 먹었다면, 발쇄를 사용하여 깨끗하게 하고, 발우를 씻는 뜨거운 물 나누어 주기를 기다린다.

---

116 두발(頭鉢)을 올려놓기 위한 작은 받침대이다. 일본어로 '핫테쓰(はってつ)'라고 읽는다.

117 일본어로는 '즈쿤(頭鐼)'이라고 한다. 발우 한 벌 중에서 죽이나 밥을 담는 가장 큰 그릇을 즈하쓰(頭鉢)라고 하며, 그 외에 작은 그릇 네 개가 더 있는데, 그 네 개 중에서 가장 큰 그릇이다. 제일분자(第一鐼子)라고 부르기도 한다. 본서 <역자 후기>의 사진을 함께 참조.

제18장 밥 받아 드는 법

1. 발우 다루는 법

재 시 끽 식 지 법 설
齋時喫食之法揲

수 경 발 우 이 근 구 이 식
須擎盋盂而近口而食。

부 득 치 발 우 어 단 상 장 구 취 발 이 식
不得置盋盂於單上，將口就鉢而食。

불 언 불 응 교 만 이 식 설
佛言，不應憍慢而食揲

공 경 이 식 설
恭敬而食揲

야 현 교 만 상 유 여 소 아 급 음 녀
若現憍慢相，猶如小兒及婬女。

발 우 외 변 반 이 상 명 정 반 이 하 명 촉
盋盂外邊，半已上名淨，半已下名觸。

이 대 무 지 안 발 우 내 제 이 제 삼 지 전 발 우 외
以大拇指安盋盂內，第二第三指傳盋盂外。

제 사 제 오 지 불 용
第四第五指不用。

앙 수 파 발 우 복 수 파 발 우 지 시 개 여 시
仰手把盋盂，覆手把盋盂之時，皆如是。

하 심 서 천 축 지 불 의 여 내 급 여 내 제 자 우 수 단 반 이 식
遐尋西天竺之佛儀，如來及如來弟子，右手摶飯而食，

미 용 시 저
未用匙筯。

불 자 수 지 의
佛子須知矣。

제 천 자 급 전 륜 성 왕 제 국 왕 등 역 용 수 단 반 이 식
諸天子及轉輪聖王，諸國王等，亦用手摶飯而食。

당 지 시 존 귀 지 법 야
當知是尊貴之法也。

서 천 축 병 비 구 용 시 기 여 개 용 수 의
西天竺，病比丘用匙，其餘皆用手矣。

저 미 문 명 미 견 형
筯未聞名未見形。

저 자 편 진 단 이 래 제 국 견 용 이 이
筯者，偏震旦以來，諸國見用而已。

금 용 지 순 토 풍 방 속 의
今用之，順土風方俗矣。

기 위 불 조 지 아 손 수 응 순 불 의 이 용 수 이 반 기 의 구 폐
既爲佛祖之兒孫，雖應順佛儀而用手以飯，其儀久廢，

무 사 온 고
無師温故。

소 이 잠 용 시 저 겸 용 분 자 의
所以暫用匙筯，兼用鐼子矣。

파 발 방 발 겸 념 시 저 물 교 작 성
把鉢放鉢，兼拈匙筯，勿教作聲。

점심에 밥을 받아먹는 법. 반드시 발우(鉢盂)를 받들어 입 가까이에 대고서 먹는다. 발우를 발단(鉢單)[118] 위에 놓아둔 채로 입을 발우 쪽으로 가까이해서 먹어서는 안 된다. 부처님도 "오만한 태도로 먹어서는 안 된다. 공경하게 받아들어야 한다. 만약 오만한 태도로 먹는다면, 아이나 단정하지 못한 여자나 다름없다."라고 말씀하셨다.

발우 바깥 부분은 위쪽 절반을 정(淨)이라 하고, 아래쪽 절반을 촉(觸)[119]이라고 한다. 발우에서 나를 향한 쪽을 엄지로 잡고, 반대쪽을 검지와 중지로 잡는다. 약지와 새끼손가락은 사용하지 않도록 한다. 왼쪽 손바닥 위에 발우를 받들 때나 오른쪽 손바닥 위에 발우를 받들 때나, 항상 이와 같이하는 법이다.

그런데 저 멀리 떨어진 서천축(西天竺)[120]의 부처님께서 가르치신 예법을 찾아보니, 여래(如來)도 그 제자도 오른손으로 밥을 뭉쳐서 먹었으며, 숟가락이나 젓가락은 사용하지 않았다. 이 점은 불제자가 당연히 알고 있어야 할 내용이다. 여러 나라의 천자(天子), 전륜성왕(轉輪聖王),[121] 여러 나라의 왕들도 역시 손으로 밥을 뭉쳐서 먹

118 앞의 역주 63)을 참조.

119 부정(不淨)이라는 의미로 사용되었다. 예를 들면 화장실에서 용변을 보고 사용하는 왼손을 촉수(觸手)라고 부른다.

120 인도를 말한다. 다른 말로는 서천(西天)·천축(天竺)·축토(竺土) 등으로 부르기도 한다.

었다. 그 점을 보아도 이는 존중해야 할 예법이라는 것을 알 수 있을 터이다.

서천축에서는 병에 걸린 승려만이 숟가락을 사용하였으며, 그 외에는 모두가 직접 손을 사용하였다. 젓가락으로 말하자면, 그 이름을 들어본 적이 없으며, 그 형태를 본 적도 없다. 젓가락은 중국에서 시작하여 이후 여러 나라에서 볼 수 있을 뿐이다. 그럼에도 지금 젓가락을 사용하고 있는 것은, 일본 관습에 따르기 위함이다. 우리가 부처님의 제자라면 부처님이 가르치신 예법에 따라서 직접 손을 사용하여 밥을 먹어야만 할 것이다. 그렇지만 그 예법은 오랫동안 잊고 있었기 때문에, 본래 예법을 여쭈어볼 스승이 존재하지 않는다. 그 때문에 잠시 숟가락이나 젓가락을 사용하고, 또한 분자(鐼子)[122]를 사용토록 하는 것이다.

---

121 인도 신화에 전하는 이상적인 제왕이다. 무력을 사용하지 않고 정의만으로 세계를 통일하고, 천상에서 감득(感得)한 차륜(車輪) 및 칠보(七寶)를 갖추고서 모든 장해를 없앤다고 전한다. 불타(佛陀)에 비유되는 존재이다.

122 앞의 역주 117)을 참조.

2. 계율로 보는 식사법

부 득 도 발 우 반 중 앙 이 식
不得挑盋盂飯中央而食。

무 병 부 득 위 기 삭 갱 반
無病不得爲己索羹飯。

부 득 이 반 복 갱 갱 망 득
不得以飯覆羹更望得。

부 득 시 차 좌 발 우 중 기 혐 심
不得視此坐盋盂中起嫌心。

당 계 발 상 식
當繫鉢想食。

부 득 대 단 반 식
不得大摶飯食。

부 득 단 반 척 구 중
不得摶飯擲口中。

부 득 취 유 낙 반 식
不得取遺落飯食。

부 득 작 반 작 성
不得嚼飯作聲。

부 득 흡 반 식
不得噏飯食。

부 득 설 지 식
不得舌舐食。

불 언 부 득 서 설 지 진 구 이 식
佛言，不得舒舌舐唇口而食。

응 당 학
應當學。

부 득 진 수 식
不得振手食。

부 득 이 비 주 슬 식
不得以臂拄膝食。

부 득 수 파 산 반 식
不得手爬散飯食。

불 언 부 득 이 수 파 산 병 반 이 식
佛言，不得以手爬散餠飯而食。

유 여 계 조
猶如鷄鳥。

부 득 오 수 착 식
不得汚手捉食。

부 득 대 교 급 철 반 식 작 성
不得大攪及歠飯食作聲。

불 언 부 득 작 솔 탑 파 형 이 식
佛言，不得作窣塔婆形而食。

부 득 장 두 발 성 습 식
不得將頭鉢盛湿食。

부 득 장 갱 즙 두 발 내 도 반
不得將羹汁頭鉢內淘飯。

부 득 선 채 갱 이 성 두 발 내 화 반 끽
不得旋菜羹而盛頭鉢內和飯喫。

부 득 대 함 반 식 여 미 후 장 이 작
不得大銜飯食，如獼猴藏而嚼。

발우(鉢盂) 안에 담긴 밥의 가운데 부분을 들쑤시며 먹어서는 안 된다. 병에 걸린 것도 아닌데, 자신만이 특별한 반찬이나 밥을 요구해서는 안 된다. 밥으로 반찬을 덮어서 감추어 두고 반찬을 더 요구하지 않아야 한다. 옆 자리의 발우 안을 들여다보고, 불만을 터뜨리는 마음을 가져서는 안 된다. 자신의 발우에 모든 마음을 쏟으며 먹도록 한다. 밥을 크게 뭉쳐서 먹지 말아야 한다. 밥을 뭉쳐서 입 안에 집어넣어서는 안 된다. 먹다가 흘린 밥을 집어서 먹어서는 안 된다. 밥을 씹으면서 소리를 내지 말아야 한다. 밥을 들이마셔서는 안 된다. 음식을 혀로 핥아먹어서는 안 된다. 부처님께서도 "혀를 내밀고 입술을 빨면서 먹어서는 안 된다."라고 말씀하셨다.

손을 저으면서 먹어서는 안 된다. 팔꿈치를 무릎에 대고서 먹어서는 안 된다. 손으로 밥을 흩트리며 먹어서는 안 된다. 부처님께서도 "손으로 밥을 흩트리며 먹어서는 안 된다."라고 말씀하셨다.

더러운 손으로 음식을 집어서는 안 된다. 밥을 뒤섞거나 삼키면서, 소리를 내서는 안 된다.

부처님은 "밥을 탑처럼 높이 쌓아놓고 먹어서는 안 된다."라고 말씀하셨다. 두발(頭鉢)[123]에 반찬과 같이, 물기 있는 음식을 담아서는 안 된다. 국물을 뿌려서, 두발 안에서 밥을 씻듯이 해서는 안 된

[123] 앞의 역주 117)을 참조.

다. 반찬이나 국을 두발 안에 가득 부어서, 밥과 섞어 먹어서는 안 된다. 한 번에 많은 밥을 입에 넣고서 마치 원숭이가 입안 가득 먹이를 집어넣고서 씹는 것처럼 먹어서는 안 된다.

3. 식사를 할 때의 태도

범 끽 반 식　　상 하 막 교 태 급 태 완
凡喫飯食，上下莫教太急太緩。

절 기 태 급 식 흘　　공 수 시 중
切忌太急食訖，拱手視衆。

미 갈 재 청　　부 득 쇄 발 우 식 념 탄 진
未喝再請，不得刷盋盂食念呑津。

부 득 첩 잉 삭 반 갱 식
不得輒剩索飯羹食。

부 득 조 두 령 풍 설 타 발 우 급 분 자 중
不得抓頭令風屑墮盋盂及鐼子中。

당 호 수 정
當護手淨。

부 득 요 신 착 슬　　거 좌 흠 신　　급 적 비 작 성
不得搖身捉膝，踞坐欠伸，及摘鼻作聲。

여 욕 체 분　　당 엄 비
如欲嚏噴，當掩鼻。

여 욕 도 아　　수 당 엄 구
如欲挑牙，須當掩口。

채 재 과 핵　　안 발 분 후 병 처　　이 피 린 위 지 혐
菜滓菓核，安鉢鐼後屛處，以避隣位之嫌。

여 린 위 발 중 유 여 식 급 과 자　　수 양 막 수
如隣位鉢中有餘食及菓子，雖讓莫受。

막 열 시 당 내 령 행 자 사 선
莫熱時堂内令行者使扇。

여 린 위 유 파 풍 지 인　　부 득 사 선
如隣位有怕風之人，不得使扇。

여 자 기 파 풍　　백 유 나 재 당 외 끽 식
如自己怕風，白維那在堂外喫食。

혹 유 소 수 묵 연 지 수　부 득 고 성 호 취
或有所須默然指受，不得高聲呼取。

식 흘 발 중 여 물　이 발 식 정 이 식 지
食訖鉢中餘物，以鉢拭淨而食之。

부 득 대 장 구 만 시 초 식　영 유 낙 발 중 급 시 상 랑 자
不得大張口滿匙抄食，令遺落鉢中及匙上狼藉。

불 언　하 응 예 장 기 구 대 식
佛言，下應豫張其口待食。

부 득 함 식 언 어
不得含食言語。

불 언　불 응 이 반 복 채
佛言，不應以飯覆菜。

부 득 장 갱 채 복 반　갱 망 다 득
不得將羹菜覆飯，更望多得。

응 당 학
應當學。

불 언　식 시 불 탄 설 이 식
佛言，食時不彈舌而食。

불 박 후 이 식
不嚩喉而食。

불 취 기 열 식 이 식
不吹氣熱食而食。

불 가 기 냉 식 이 식
不呵氣冷食而食。

응 당 학
應當學。

죽 시 끽 죽 흘　발 우 급 분 자　응 사 쇄 의
粥時喫粥訖，鉢盂及鐼子，應使刷矣。

음식을 배식할 때에는 항상 상간(上間)과 하간(下間)[124] 중에, 어느 쪽이 너무 빠르거나 너무 느리지 않도록 한다. 빨리 먹고서 할 일이 없어서 다른 사람을 쳐다보고 있지 않도록 해야 한다. 또한 '재청(再請)'이라고 부르는, 음식을 더 청하는 신호가 나올 동안에, 발우에 붙은 것을 발쇄(鉢刷)로 문질러서 먹는다든지, 마음속으로 더 먹을 생각을 하며 침을 삼켜서는 안 된다. 또한 음식을 남긴 채로, 밥이나 반찬을 다시 청하여 먹어서는 안 된다.

머리를 긁어서 비듬을 발우(鉢盂)나 분자(鐼子) 안에 떨어지게 해서는 안 된다. 당연히 그 같은 행위를 해서 손이 더럽혀지지 않도록 한다. 몸을 흔들거나 무릎을 껴안고, 무릎을 세우거나 하품을 하며, 혹은 코를 풀거나 소리를 내서는 안 된다. 혹시 재채기가 나오거든 손으로 코를 감싼다. 또한 이빨에 낀 음식을 쑤시고자 할 때에는 반드시 손으로 입을 가린다.

씹고 남은 반찬 찌꺼기나 과일의 씨앗 등은 발우나 분자 뒤쪽 가려진 그늘에 놓아서, 옆 사람이 보고 기분이 상하지 않도록 한다. 옆 사람 발우에 남은 음식이나 과일을 주더라도 받아먹어서는 안 된다.

무더위 철에는 당내에서 담당 승려에게 큰 부채를 부치도록 한다. 옆 사람이 바람을 싫어할 수도 있으므로, 개인적으로 부채질을

---

124 승당 내에서 정면을 바라보고 오른쪽을 상간(上間)이라고 하고 왼쪽을 하간(下間)이라고 한다.

해서는 안 된다. 만약 자신이 큰 부채에서 나오는 바람을 싫어한다면, 유나(維那)에게 청해서 외단(外單)[125]에서 식사를 한다. 만약 필요한 것이 있을 경우에는, 잠자코 손가락으로 신호를 하여 받아든다. 큰 목소리로 청해서는 안 된다.

먹기가 끝나고, 발우 안에 붙어있는 음식은 발쇄(鉢刷)를 사용하여 깨끗하게 먹어치운다. 입을 크게 벌리고 숟가락 가득히 밥을 떠서 먹다가, 발우 안이나 숟가락 위에 밥알이 흩어져 떨어지게 해서는 안 된다. 부처님도 "처음부터 입을 크게 벌리고 음식을 기다려서는 안 된다."라고 말씀하셨다. 음식을 입에 넣은 채로 대화를 해서는 안 된다.

부처님은 "밥을 반찬으로 덮어서는 안 된다. 죽이나 반찬으로 밥을 감추고서 밥을 더 청해서는 안 된다."라고 말씀하셨다. 이를 배워야만 한다.

또한 부처님은 "식사하면서 혀를 차며 먹어서는 안 된다. 목소리를 내며 먹어서는 안 된다. 뜨거운 숨을 내쉬어 따뜻하게 하여 먹어서는 안 되며, 입으로 바람을 불어서 음식을 식혀가며 먹어서는 안 된다."라고 말씀하셨다. 이를 배워야만 한다. 조식을 들 때에 죽을 다 먹었다면, 발우나 분자(鐼子)는 발쇄(鉢刷)를 사용하여 깨끗이 해야 한다.

---

125 승당의 내당과 외당 중에서 외당을 말한다.

4. 그 밖의 주의할 점

범일구지반 수삼초식
凡一口之飯，須三抄食。

불언 식시불극소단 불극대단 원정이식
佛言，食時不極小摶，不極大摶，圓整而食。

영시두직입구 부득유낙
令匙頭直入口，不得遺落。

부득장편반립등락재정건상
不得醬片飯粒等落在淨巾上。

여유유락식재건상 당압취안일처 부여정인
如有遺落食在巾上，當押聚安一處，付與淨人。

반중여유미탈곡립자 이수거곡이식
飯中如有未脫穀粒者，以手去穀而食。

막기지
莫弃之。

막불탈끽
莫不脫喫。

삼천위의경왈 야견불가의 불응식
三千威儀經曰，若見不可意，不應食。

역부득사좌우인지
亦不得使左右人知。

우식중부득타
又食中不得唾。

상좌전발분지중 여유여잔반식 부득축수
上座前鉢鐼之中，如有餘殘飯食，不得畜收。

수여정인
須與淨人。

식흘작단심 부득인진
食訖作斷心，不得咽津。

범유소식 직수법관응관불비일립지도리
凡有所食，直須法觀應觀不費一粒之道理。

내시법등식등지소식야
迺是法等食等之消息也。

부득용시저괄발우발분작성
不得用匙筯刮盋盂鉢鐼作聲。

막손발광
莫損鉢光。

야손발광 발수구니 수세난세
若損鉢光，鉢受垢膩，雖洗難洗。

두발수탕수끽 부득구함탕수이작향
頭鉢受湯水喫，不得口銜湯水而作響。

부득토수어발우중급여처
不得吐水於盋盂中及餘處。

이정건부득식면두여수의
以淨巾不得拭面頭與手矣。

한 입 분량의 밥을 반드시 세 번 떠서 먹도록 한다. 부처님은 "먹을 때에 극단적으로 작게 뭉쳐서 뜨거나 극단적으로 크게 뭉쳐서 뜨지 않고, 깨끗이 둥글게 떠서 먹으라."라고 말씀하셨다.

숟가락 끝을 곧장 입안에 넣어서, 밥을 흘리지 않도록 한다. 된장 부스러기나 밥알을 무릎에 걸친 포건(布巾) 위에 떨어뜨려서는 안 된다. 만약 흘리거나 떨어뜨린 음식이 포건 위에 있다면, 한 곳에 모아두었다가 나중에 배식을 맡은 승려인 정인(淨人)에게 건네준다. 만약 밥 속에 탈곡하지 않은 곡식알이 섞여있다면, 손으로 그 곡식알 껍질을 떼 내고 먹는다. 이를 버려서는 안 되고 껍질이 붙은 채로 먹어서는 안 된다. 『삼천위의경(三千威儀經)』[126]에 이르기를, "만약 모래나 곤충과 같은, 신경 쓰이는 것이 보인다면 먹어서는 안 된다. 좌우에 있는 사람들에게 알려서도 안 된다. 또한 그 음식 안에 침을 뱉어서도 안 된다."라고 말하였다.

자신 앞에 놓인 발우(鉢盂)나 분자(鐼子) 속에, 만약 남은 밥이나 반찬이 있어도, 이를 집어서는 안 된다. 반드시 정인(淨人)에게 건네준다. 하루의 식사가 끝났다면 더 먹고 싶다는 생각을 버린다. 더 먹고 싶어서 침을 삼켜서는 안 된다.

대체로 음식을 입에 넣을 때에는, 한 톨의 쌀도 헛되이 하지 않

126 정식으로는 『대비구삼천위의경(大比丘三千威儀經)』이라고 한다. 출가한 수행자가 일상적인 수행 생활에서 지켜야 할 행의(行儀)를 구체적으로 적어놓았다.

겠다는 도리를 부디 이성적으로도 이해하고 체득해야 한다. 그 점이야말로 서두에서 강조한 “법(法)으로나 식(食)으로나 절대 평등하다.”라는 것을 의미한다.

숟가락이나 젓가락으로 발우나 분자를 문질러서 소리를 내지 않도록 한다. 또한 그 때문에 발우의 광택이 희미해져서는 안 된다. 만약 광택이 없어지면 발우가 더럽혀져서, 씻어도 깨끗해지기 어렵다.

두발(頭鉢)에 뜨거운 물을 받아서 마실 때에, 입에 머금고서 소리를 내서는 안 된다. 또한 입에 머금은 물을 발우 안이나 다른 곳에 뱉어서는 안 된다. 무릎에 걸친 포건(布巾)으로 머리나 손을 닦아서는 안 된다.

제19장 식기 씻는 법

세발지법
洗鉢之法。

선수의수 막촉발우
先收衣袖，莫觸盋盂。

두발수수 금용열탕 용발쇄 성심우전우두발이세
頭鉢受水，今用熱湯，用鉢刷，誠心右轉于頭鉢而洗，

교제구니령정
教除垢膩令淨。

이수두분 좌수선발 우수용쇄 세발우외겸발우내
移水頭鐼，左手旋鉢，右手用刷，洗盋盂外兼盋盂內。

여법세흘 좌수탁발 우수취발식 교전발식개발
如法洗訖，左手托鉢，右手取鉢拭，教展鉢拭蓋鉢，

양수파발
兩手把鉢，

순이윤전식이교건
順而輪轉拭而教乾。

연후 발식차안발우내 물교출외
然後，鉢拭且安盋盂內，勿教出外。

안발우어발엽상 차세시저어두분 세흘식어발식
安盋盂於鉢擛上，次洗匙筯於頭鐼，洗訖拭於鉢拭。

차간 막교발식전출어발우외
此間，莫教鉢拭全出於盋盂外。

식시저이성시저대 이횡안두분지후
拭匙筯以盛匙筯袋，而橫安頭鐼之後。

차세두분어제이분지시
次洗頭鐼於第二鐼之時，

이좌수파합두분지여발쇄이약제 이우수파제이분
以左手把合頭鐼之與鉢刷而略提，以右手把第二鐼，

이안두분지위 연후 도수이세두분
而安頭鐼之位，然後，渡水而洗頭鐼。

세 제 이 제 삼 분 준 지
洗第二第三鐼準之。

부 득 세 분 자 시 저 어 두 발 내
不得洗鐼子匙筯於頭鉢内。

선 세 두 발 차 세 시 저 차 세 두 분 차 세 제 이 분
先洗頭鉢，次洗匙筯，次洗頭鐼，次洗第二鐼，

차 세 제 삼 분
次洗第三鐼。

식 이 극 건 여 본 수 어 두 발 내 차 식 발 쇄 성 대
拭而極乾，如本收於頭鉢内，次拭鉢刷盛袋。

식기 씻는 법.[127] 먼저 법의(法衣) 소매를 잘 여며서 발우(鉢盂)에 닿지 않도록 한다. 지금은 뜨거운 물을 사용하는데, 물을 두발(頭鉢)로 받아서 발쇄(鉢刷)를 사용하여, 마음을 담아서 두발을 오른쪽으로 돌리면서 씻고, 더러운 것을 없애고 깨끗하게 한다. 물을 두분(頭鐼)으로 옮기고, 왼손으로 두발을 돌리면서, 오른손으로 발쇄를 사용하여 안팎을 모두 씻는다. 정해진 대로 씻기가 끝났다면, 왼손에 두발을 올려서 들고, 오른손으로 발우를 닦는 천 발식(鉢拭)을 들고서, 발우를 덮듯이 펼치고, 그 위에서 양손으로 두발을 붙들고 오른쪽으로 조금씩 돌리며 닦아서 말린다.

그 후 발식은 잠깐 동안 그대로 두발 안에 넣어두고 밖으로 꺼내지 않는다. 두발을 그 상태로 발설(鉢揲) 위에 갖다놓고, 이어서 숟가락과 젓가락을 두분(頭鐼) 안에서 발쇄를 사용하여 씻는다. 씻기를 끝내면 발식으로 닦는데, 이때에 발식이 전부 두발에서 나오지 않도록 한다.

숟가락과 젓가락 씻기를 끝냈다면, 시저대(匙筯袋)[128]에 넣고서, 옆으로 하여 두분의 뒤쪽에다 놓는다. 다음으로 두분을 제이분(第二鐼) 안에서 씻는다. 그 때는 우선 왼손으로 두분과 발쇄를 함께 집어서 약간 들어올리고, 오른손으로 제이분을 집어서 두분이 놓였던

127 이를 가리켜 세발(洗鉢)이라고 한다. 발우는 식사를 마치면 그 자리에서 씻어서 원래대로 보자기에 싸서 보관한다.

128 앞의 역주 61)을 참조.

위치에 놓는다. 그리고 두분의 물을 제이분으로 옮겨서, 그 안에서 두분을 씻는다. 제이분·제삼분(第三鐼)을 씻을 때도 이와 같이 한다. 분자나 숟가락이나 젓가락을 두발 안에서 씻어서는 안 된다. 먼저 두발을 씻고 다음으로 숟가락과 젓가락을 씻으며, 다음으로 두분을 씻고 제이분과 제삼분을 순서대로 씻는다. 발식으로 닦아서 완전히 말리고, 원래대로 두발 안에 수납하고, 이어서 발쇄를 닦아서 시저대에 넣는다.

제20장 발우를 씻은 물의 처리

발수미절 부득접정건
鉢水未折，不得摺淨巾。

발수지여 부득력상하
鉢水之餘，不得瀝床下。

불언 부득이잔식치발수중
佛言，不得以殘食置鉢水中。

응당학
應當學。

대절발수통래 선합장 이응기발수어절발수통
待折鉢水桶來，先合掌，而應弃鉢水於折鉢水桶。

부득교쇄발수어정인삼수
不得教灑鉢水於淨人衫袖。

부득세수어발수
不得洗手於鉢水。

부득기발수어부정지
不得弃鉢水於不淨地。

발우(鉢盂) 전체를 씻은 물을 비우지 않았을 때에, 무릎을 덮은 정건(淨巾)을 접어서는 안 된다. 또한 발우를 씻고 남은 물을 평상 밑에 버려서는 안 된다.

부처님은 "남은 음식을 발우 씻은 물 안에 넣어두어서는 안 되느니라."라고 말씀하셨다. 이를 배워야만 한다.

음식을 배식하는 승려인 정인(淨人)이 발우 씻은 물을 버릴 통을 들고 돌아다니므로, 자신 앞으로 오면 먼저 합장하고, 그 다음에 발우를 씻은 물을 통에 버리는 것이다. 그 때 발우를 씻은 물을 정인의 법의(法衣) 소매에 뿌리지 않도록 한다. 또한 발우를 씻은 물로 손을 씻어서는 안 된다. 발우를 씻은 물을 부정한 곳에 버려서도 안 된다.

제21장 식기 수납하는 법

두분이하 양수대지병안발우내
頭鐼以下，兩手大指迸安盋盂內。

차앙좌수파발 안복파중심
次仰左手把鉢，安複帕中心。

복우수이파근신단연 개발우상
覆右手以把近身單緣，蓋盋盂上，

양수첩발단안발우구
兩手疊鉢單安盋盂口。

차이향신파각복어발상 우이수상연파각향신중복지
次以向身帕角覆於鉢上，又以垂牀緣帕角向身重覆之。

차이시저대안정건상
次以匙筯袋安淨巾上。

고시안발쇄어파상 금자성발쇄어시저대
古時安鉢刷於帕上，今者盛鉢刷於匙筯袋。

차이발식개복어시저대상
次以鉢拭蓋覆於匙筯袋上。

차이좌우수취좌우파각 차결우발우상지중앙
次以左右手取左右帕角，次結于盋盂上之中央。

소결파각지양단 동수어우의
所結帕角之兩端，同垂於右矣。

일기발우근신지방 일위용역해파야
一記盋盂近身之方，一爲容易解帕也。

복발우흘합장 묵연이좌 문하당퇴
複盋盂訖合掌，默然而坐，聞下堂槌。

성승시자타지
聖僧侍者打之。

두분(頭鐼) 이하 분자(鐼子)는 양손의 무지(拇指)를 사용하여 두발(頭鉢) 안에 겹쳐서 정리한다. 이어서 왼손을 위로 향하여 두발을 집어서 복파(複帕)[129] 중앙에 놓는다. 그 때 오른손을 뒤집어서 발단(鉢單) 오른쪽 앞 가장자리를 들어, 뽑아들 듯이 하여 발우(鉢盂) 위로 가지고 가고, 양손으로 발단을 접어서 발우 위에 놓는다. 다음으로 복파 앞 모서리로 발우를 덮고, 계속하여 평상 가장자리에 늘어뜨린 모서리 부분을 앞으로 가지고 와서 겹쳐서 덮는다. 무릎을 덮었던 정건(淨巾)을 횡(橫)으로 둘로 접고 종(縱)으로 셋으로 접어서 발우 위에 종으로 걸쳐 놓는다. 다음으로 시저대(匙筯袋)[130]를 정건 위에 놓는다. 옛날에는 발쇄(鉢刷)를 직접 복파 위에 놓았지만, 지금은 발쇄도 시저대에 넣는다. 다음으로 포건을 펴서 시저대 위에 겹친다. 다음으로 좌우 손으로 복파 좌우 모서리를 잡고, 발우 윗부분 중앙에서 묶는다. 묶은 복파의 양쪽 끝이 어느 쪽이나 오른쪽으로 나오도록 묶는다. 이는 내 앞쪽으로 향하는 발우 방향을 알기 위해서이고, 또 한 가지는 복파를 펼칠 때에 풀기 쉽도록 하기 위해서이다.

발우 싸기를 마쳤다면 합장을 하고, 묵묵히 앉아있으면 승당(僧堂)에서 나가는 신호인 하당퇴(下堂槌)가 울린다. 이 하당퇴는 성승(聖僧)의 시자(侍者)가 친다.

---

129 발우를 싸는 보관하는 보자기를 말한다.

130 앞의 역주 61)을 참조.

제22장 식후 기원

성승시자　재당외당두시자하두좌
聖僧侍者，在堂外堂頭侍者下頭坐。

욕타퇴시　선기좌하상문신
欲打槌時，先起座下牀問訊。

합장입당내　성승전문신　경향대남변이도퇴지서변
合掌入堂内，聖僧前問訊，經香臺南邊而到槌之西邊，

향퇴문신　차수차대주지인급대중복발흘　진퇴일하
向槌問訊，叉手且待住持人及大衆複鉢訖，進槌一下。

연후합장　차개퇴지복자흘　우문신
然後合掌，次蓋槌之袱子訖，又問訊。

금안길상
今案吉祥。

문차퇴　유나작처세계범
聞此槌，維那作處世界梵。

시용상승정지고의야
是用祥僧正之古儀也。

의지잠종수
依之暫從隨。

성승(聖僧)의 시자(侍者)는 외단(外單)에 있는 당두시자(堂頭侍者)[131]의 다음 자리에 앉는다. 그리고 하당퇴(下堂槌)를 칠 때에, 먼저 좌선 자세를 풀고 평상에서 내려가 합장하고 머리를 숙인다. 합장한 채로 당내로 들어가 성승 앞에서 합장하고 머리를 숙인다. 향대(香臺) 남쪽을 통과하여 퇴침(槌砧) 서쪽에 이르러, 퇴침(槌砧)를 대하며 합장하고 머리를 숙인다.

그곳에서 차수(叉手)[132]를 한 채로 잠시 주지 및 전원이 발우(鉢盂) 싸는 것을 기다렸다가, 싸는 것이 끝나는 것을 확인하고 퇴침에 다가가서 한번 쳐서 울린다. 그 다음에 합장하고 퇴침에 복자(袱子)[133]를 씌운 후에 또한 합장하고 머리를 숙인다. 이 하당퇴(下堂槌) 소리를 듣고서, 유나(維那)는 처세계범(處世界梵)[134]이라고 외친다. "처세계여허공(處世界如虛空), 여연화불착수(如蓮花不着水), 심청정초어피(心淸淨超於彼), 계수례무상도(稽首禮無上導)"[135] 이를 외치는 것은 에이사이

---

131 사원에서 주지가 거주하는 방장(方丈)을 당두라고 한다. 당두시자는 주지 곁에서 시중을 드는 승려이다. 소향(燒香)·서장(書狀)·청객(請客)·탕약(湯藥)·의발(衣鉢)을 담당하는 5명의 시자가 존재한다.

132 본래 중국에서 일반적으로 행하던 예법이 선원에 전해진 것이다. 왼손으로 엄지손가락을 가운데 넣어서 주먹을 쥐고 오른손 다섯 손가락으로 이를 덮어서 가슴 앞으로 가져가는 동작을 취한다.

133 사원에서 토침을 덮는 데에 사용하는 커다란 보자기를 말한다. 일본어로는 '후쿠스(ふくす)'라고 읽는다.

134 범은 경문의 게송을 읊는 범패(梵唄)를 의미한다.

선사(榮西禪師)[136]가 보여주신 옛날부터의 예법으로, 에이헤이지(永平寺)[137]에서는 지금도 이를 따르고 있다.

---

135 『초일명삼매경(超日明三昧經)』에 나온다. 세간에 머물기를 허공과 같이 하고(處世間如虛空), 연꽃처럼 더러움에 물들지 않으면(如蓮花不着水), 청정한 마음으로 해탈로 향하는(心淸淨超於彼), 위없는 스승들께 머리 숙이옵니다(稽首禮無上尊)라는 의미이다.

136 1141-1215. 일본의 히에이잔(比叡山)에 들어가 출가한 후에 중국 송나라를 두 번 다녀왔다. 중국에서 허암회창(虛庵懷敞) 밑에서 임제종(臨濟宗)을 배우고, 귀국 후에 가마쿠라에 주후쿠지(壽福寺) 그리고 교토에 겐닌지(建仁寺)를 세웠다.

137 후쿠이현(福井縣) 요시다군(吉田郡)에 있다. 요코하마시의 쓰루미(鶴見)에 있는 소지지(總持寺)와 함께 일본 조동종(曹洞宗)의 총본산이다. 1227년 중국 송나라에서 귀국한 도겐 선사가 1243년에 이곳에 와서, 1244년 산쇼호다이부쓰지(傘松峯大佛寺)를 개창하였다. 1245년에 에이헤이지(永平寺)로 이름을 바꾸었다. 에이헤이지는 전통적으로 수행승들의 엄격한 수행 도량으로 유명하다.

제23장 승당에서 나가는 법

기후주지인출당
其後住持人出堂。

지차타방삼종야
之次打放參鐘也。

주지인하의자문신성승시 성승시자퇴퇴변
住持人下椅子問訊聖僧時，聖僧侍者退槌邊，

피신어성승장후 막교주지견
避身於聖僧帳後，莫教住持見。

차대중기신괘발
次大衆起身掛鉢。

선양수경발기위 순전신향괘탑단 좌수탁발
先兩手擎鉢起位，順轉身向掛塔單，左手托鉢，

우수괘구
右手掛鉤。

연후합장 순전신향상연하상
然後合掌，順轉身向牀緣下牀。

서서수족이하상 저혜문신
徐徐垂足而下牀，著鞋問訊。

문신상하견
問訊上下肩。

여당내대좌탕 입당출당 상상하상 병여차식
如堂內大坐湯，入堂出堂，上牀下牀，竝如此式。

차수포단어상하이출당야
次收蒲團於牀下而出堂也。

그 후에 주지는 승당(僧堂)[138]을 나간다. 주지가 의자에서 내려와 성승(聖僧)을 향하여 합장하고 머리를 숙일 때에, 성승의 시자(侍者)는 퇴침(槌砧) 옆에서 물러나 성승 뒤에 걸린 장막 뒤에 몸을 감추고, 주지 눈에 띄지 않도록 한다. 주지가 승당을 나서면 대중은 일어서서 발우(鉢盂)를 원래대로 갈고리에 건다. 그 경우에 우선 양손으로 발우를 받쳐 들고, 일어서서 오른쪽으로 돌면서 몸을 틀어 각자의 명찰이 있는 곳으로 향하여, 왼쪽 손바닥에 발우를 올리고, 오른손으로 갈고리에 발우를 싼 천의 매듭을 건다. 그 다음에 합장하고 오른쪽으로 돌면서 몸을 틀어 평상 가장자리 쪽으로 향하여 평상을 내려온다. 그 때는 천천히 발을 내려서 평상에서 내려와, 신발을 신고서 합장하고 머리를 숙인다. 이는 양옆에 있는 사람에게 인사한다는 의미이다. 당내에서 행하는 특별한 다도 의식의 경우도 입당·출당·평상 오르기(上牀)·평상 내려가기(下牀) 등의 순서로, 어느 의식이나 이 식사 예절과 같다. 마지막으로 좌포(座蒲)[139]를 평상 밑에 넣고서 승당을 나온다.

138 앞의 역주 16)을 참조.

139 앞의 역주 55)를 참조.

제24장 방참 신호

죽후방참 즉주지인출당 타방참종삼하
粥後放參，即住持人出堂，打放參鐘三下。

여우조참 갱불타종
如遇早參，更不打鐘。

여위재주 삼하후승당
如爲齋主，三下後陞堂。

역수타방참종
亦須打放參鐘。

우대좌다탕파 주지인성승전문신출
又大坐茶湯罷，住持人聖僧前問訊出，

즉타하당종삼하
即打下堂鐘三下。

여감원수좌입당전점 송주지인출 각래당내
如監院首座入堂煎點，送住持人出，却來堂內，

성승전상하간문신파 잔탁출방타하당종삼하
聖僧前上下間問訊罷，盞槖出方打下堂鐘三下。

대중방가하상
大衆方可下牀。

출당위의병여입당지법
出堂威儀竝如入堂之法。

일식반보재보경기 출정인보법야
一息半步在寶慶記，出定人步法也。

아침에 죽을 든 후에 설법이나 강의가 없을 때에는, 주지가 승당에서 퇴출할 때에 이를 알리는 방참종(放參鐘)[140]을 세 번 쳐서 울린다. 조참(早參)[141]이 있을 때에는 이 종을 치지 않는다.

수행승에게 식사를 공양한 시주(施主)를 위해서 특별한 설법을 행하는 경우에는, 소종(小鐘)이 세 번 울린 후에 법당으로 향한다. 그렇지만 수행승에 대한 법익(法益)[142]은 행하지 않으므로, 이 방참종을 세 번 치는 것이다.

또한 주지가 수행승들을 위해 다도를 행하는 대좌다탕(大坐茶湯)[143]의 경우에, 모든 절차가 끝나고 주지가 성승(聖僧) 앞에서 합장하고 머리를 숙인 후 승당을 나서면, 하당종(下堂鐘)[144]을 세 번 쳐서 울린다.

감원(監院)[145] 혹은 수좌(首座)가 주최하는 승당 내의 다도의 경우

140 여기서 '放'이란 '쉬다'라는 의미이다. 방참은 아침에 행하는 조참(早參)이나 저녁에 행하는 만참(晩參)을 행하지 않는 것이다. 이를 알리기 위해서 소종(小鐘)을 세 번 치는 것을 방참종이라고 한다.

141 아침에 죽을 든 후에 주지가 법당 또는 방장에서 수행승을 위하여 설법하거나 경전이나 어록을 강의하는 것이다.

142 앞서 언급한 조참(早參)과 같은 의미이다.

143 사절(四節)을 맞이하여 주지 또는 고사(庫司)가 특별히 수행승들을 위하여 마련한 다탕(茶湯) 의식이다. 사절이란 하안거의 시작과 끝을 의미하는 결하(結夏)와 해하(解夏) 그리고 동지와 원단(元旦)이다. 다탕이란 차를 대접하는 것이다.

144 승당에서 퇴출하는 것을 알리는 종으로 소종을 세 번 친다.

에, 주최자는 주지를 배웅한 후에 승당 안으로 되돌아가, 성승 앞에서 승당 안을 향하여 오른쪽과 왼쪽에 앉은 모든 승려를 향하여 합장하고 머리를 숙인다. 다기와 다탁(茶托)을 승당 밖으로 가지고 나가서 정리를 끝내면, 하당종이 세 번 울린다. 그러면 비로소 대중(大衆)은 평상에서 내려올 수가 있다.

출당(出堂) 때의 진행 절차는 모두 입당(入堂) 때와 마찬가지이다. 한 번 호흡하고 발을 반 보(步)씩 내미는 것이 좌선을 마친 후의 보행법이며, 식사를 마치고 좌선을 푸는 경우도 이와 같이 보행한다.

145 감사(監寺) 직책을 가리켜서 조동종에서는 감원이라고 부른다. 감원은 사원의 사무 일체를 감독하고 통괄한다. 일본어로는 '간닌(かんにん)'이라고 읽는다.

에이헤이지(永平寺) 1박 2일 참선 체험기

이 책은 일본에서 조동종(曹洞宗)이라는 불교 종파의 개조(開祖) 도겐(道元)이 지은 『전좌교훈(典座教訓)』과 『부죽반법(赴粥飯法)』의 번역이다. 전좌(典座)란 주로 선(禪)을 수행하는 도량에서 공양간을 책임지고 수행승들의 식사를 담당하는 직책을 가리킨다. 도겐은 『전좌교훈』에서 그 전좌가 식사를 담당하면서 지녀야 할 마음가짐을 구체적으로 제시하였다. 한편 『부죽반법』에서는 승려들이 전좌가 지은 조식(粥)과 중식(飯)을 어떤 마음가짐으로 받들어야 하는 가를 세세하게 제시하였다. 도겐은 '식(食)이 바로 불도(佛道)'라고 파악하여, 선 수행에 있어서 식문화의 중요성을 강조하였다. 말하자면 두 문헌은 선 수행의 과정으로 음식을 만드는 사람과 그 음식을 받드는 사람의 마음가짐이 서로 긴밀하게 대응하고 있는 셈이다. 역자는 이 점에 끌려서 번역하여 소개하기로 마음먹고 한 권의 책으로 엮었다.

저자 도겐(1200-1253)은 일본 가마쿠라(鎌倉) 시대 초기에 활약했던 선승이다. 일반적으로 도겐 선사(道元禪師)라고 부르지만, 만년에 기겐(希玄)이라는 이름을 사용하기도 했다. 조동종 종문(宗門)에서는 고조 승양대사(高祖承陽大師)라는 존칭으로 부른다. 도겐은 생전에 『정법안장(正法眼藏)』『영평청규(永平淸規)』『보권좌선의(普勸坐禪儀)』를 비롯한 많은 책을 저술하였다. 역자가 번역한 『전좌교훈』과 『부죽반법』은 『영평청규』에 포함되어 있다.

도겐의 저작은 한국에서 소개된 적이 있다. 『보권좌선의』는 일찍이 김지견 교수가 한국어로 번역하여 출판한 적이 있다.(1989, 광일문화사) 그 책에 도겐의 생애 및 불교 사상에 대해서 자세히 소개하고 있어서 많은 참고가 된다. 최근에는 한보광 교수가 『정법안장』을 완역하는 큰 성과를 이루었다.(2022, 『역주정법안장』 12권, 여래장) 한보광 교수의 전언에 의하면, 성철 스님을 비롯한 한국의 고승들도 『정법안장』을 즐겨 읽으며 주위 사람들에게 일독을 권했다고 한다.

이 책을 번역하면서 많은 어려움이 있었다. 원문이 한문으로 되어 있는데 역자는 한문 공부가 많이 부족한데다, 역자에게 익숙하지 않은 전문적인 불교 용어, 그리고 무엇보다도 원문에서 설명하는 일본 선원(禪院)의 수행 생활에 대한 구체적인 이미지가 떠오르지 않아서 애를 먹었다.

본문에 빈번히 사용된 '辨道'라는 용어 하나만 해도 우리말로 '변도'로 읽어야 할지, '판도'로 읽어야 할지 판단이 쉽지 않았다. 주변의 관련 전문가들에게 문의하는 과정에서, '판도'로 읽는 것이 타당하다는 사실을 처음 알게 되었다. 마침 전남대 이주노 교수가 '판도'로 읽어야 타당함을 지적한 글이 인터넷에 올라와 있다는 사실을 알려주었다. 바로 확인해보니, 윤창화님이 <변도(辨道)와 판도(辨道)−우리말 표기, 어떻게 표기해야 맞는가?>라는 글에서, 문헌 고증을 통해서 볼 때에 '판도(辨道)'로 읽는 것이 타당하다는 논지의 글을 올려놓았다.(일본불교사연구소 블로그) 전남대 송영숙 선생님은 불교계 스님들 사이에서 '판도(辨道)'라는 용어로 사용되고 있다는 사실을 알려주었다. 역자의 무지로 인해서 혼자서만 몰랐던 셈이다.

번역과정에 일본에서 출판된 여러 문헌을 참고하였다. 특히 나카무라 쇼하치(中村璋八) 교수를 포함한 세 사람이 주석을 달아서 출판한『典座教訓·赴粥飯法』(中村璋八·石川力山·中村信幸 譯注, 1991, 講談社)은 이번 번역에 많은 도움이 되었다.『전좌교훈』과『부죽반법』을 한데 묶어서 번역한다는 발상, 한문 원문에는 없는 목차의 구성, 장 구별 및 이에 따른 소제목 등은 기본적으로 이 책을 참고로 하였다.

2019년에 번역을 조금씩 시작하면서, 도겐이 개창한 이래 현재도 전통적인 방식으로 엄격한 수행을 하기로 유명한 에이헤이지(永平寺)를 답사하여, 현지에서 역자의 눈으로 직접 보고 느낀 바를 번역에 반영할 계획을 갖고 있었다. 그런데 지속된 코로나19의 확산으로 일본을 방문하는 것조차 쉽지가 않았다. 차일피일 미루며 현지답사 기회를 엿보다가, 본문 번역을 거의 마무리한 시점에 에이헤이지를 방문할 수가 있었다. 2023년 1월 15일, 드디어 번역한 원고를 들고 에이헤이지를 찾아갔다.

아침에 일찍 나서서 오전 7시 29분에 교토역에서 출발하는 가나자와행 선더버드(sunderbird) 특급열차를 탔다. 후쿠이역까지 약 한 시간 삼십 분이 걸렸다. 후쿠이역에 가는 동안, 차창 밖으로 이어지는 비와코(琵琶湖) 호수 풍경이 아름답다. 적어도 10분 이상 호수 풍경이 이어졌으니, 얼마나 넓은 호수인가를 알 수 있다. 그 때문인지 현지 주민들은 '호수(湖)'라고 하지 않고 '바다(海)'라고 부른다고 한다. 후쿠이역에서 애이헤이지까지는 지역의 에치젠(越前) 철도를 이용하는 방법과 직행버스를 이용하는 방법이 있다. 나는 버스를 이용하였다. 절 입구에 도착하여, 점심으로 이 지역 특산물 중의 하나인 소바를 먹고 집합 장소로 향했다.

번역서의 역자 후기를 겸해서, 역자가 체험한 1박 2일 동안의 참선 과정을 프로그램에 적힌 진행 순서대로 소개하기로 한다.

참선 첫날

15:00 도착

절 입구에 도착하였다. 입구 오른쪽에 일본 조동종 제일도량(日本曹洞宗第一道場) 길상산 에이헤이지(吉祥山永平寺)라고 산호(山號)를 새긴 큰 바위가 세워져 있다. 안으로 들어서니 길 따라서 오른쪽으로 불상이 몇 개인가 세워져 있는데, 그 중에서 천지관세음보살(天地觀世音菩薩)이라고 이름을 붙인 관음보살 입상이 유난히 눈에 들어온다. 2017년에 일본에서 8개월에 걸쳐 '사이고쿠 삼십삼 관음순례(西國三十三觀音巡禮)'를 체험하였는데, 그 때문인지 지금도 일본 사원에 가면 관음보살상이 먼저 눈에 띈다.

에이헤이지 입구 바위에 새겨진 산호(山號)

1 천지관세음보살 입상

2 계곡의 다리 건너에 세워진 사당

연못에 안치된 일엽관음

계곡에는 얼마 전에 내린 눈이 녹아서인지, 물살이 제법 힘차고 빠르다. 계곡 바로 건너편에 사당이 몇 개 보여서, 계곡에 걸린 다리를 건너가 보았다. 이나리당(稲荷堂), 아마테라스오미카미(天照大御神), 곤피라당(金毘羅堂)이라고 쓰인 사당들이 나란히 늘어서 있다. 이나리는 여우의 신격화이며, 아마테라스오미카미는 일본 천황가의 조상신이다. 말하자면 불교와는 무관한 신들이다. 절 바로 옆에 이들 사당이 있는 것을 보면, 일찍이 신과 부처를 동일한 신격으로 간주했던 신불습합(神佛習合) 사상의 영향일 것이다.

절의 사무를 총괄하는 사무소는 길상각(吉祥閣)이라는 건물 안에 있다. 건물 입구 부근에 있는 작은 연못에 조각배를 띄우고, 그 조

각배에 관음좌상을 안치하였는데 그 자태가 곱다. 다가가서 보니, 일엽관음(一葉觀音)이라는 이름이 쓰여 있다. 바로 옆에 그 유래를 적어놓은 표찰이 있어서 읽어보니, 대략 다음과 같은 내용이 적혀 있다.

> 도겐 선사가 불법을 구하느라 바다를 건너갈 때에 폭풍우를 만나서 배가 난파할 위기에 처하게 되었다. 선사가 선상에 단정히 앉아서 관음경을 염송하고 있으려니, 파도 위로 일엽관음이 모습을 드러내고, 무사히 항해를 마칠 수가 있었다. 이후 사람들이 항해 안전을 기원하는 의미로 존상(尊像)을 세우게 되었다.

길상각에 들어가 접수를 마치고 집합 장소인 3층 방으로 올라갔다. 다타미가 깔린 넓은 방에 반듯하게 잡힌 침구가 늘어져 있다. 이날 모두 10명이 참선에 참가하였다. 그 중에 네 명은 함께 온 일행인지 자주 대화를 나누며 친해 보였다. 나중에 알게 되었지만, 그들은 도쿄에 있는 중식당에서 일하는 조리사들이었다. 조리장의 제안으로 절에서 먹는 쇼진요리(精進料理)를 참고하여 식당 메뉴를 개발하기 위해 오게 되었다고 한다. 뚜렷한 목적이 있어서인지 시종일관 진지하게 참선에 임한다.

15:25 일정 설명

시간이 되자 맑은 얼굴을 한 젊은 수행승이 나타나 전체 일정 및 참선 요령에 관해서 간단하게 설명한다. 주로 합장(合掌)하는 방법, 차수(叉手) 하는 방법, 그리고 화장실을 드나들면서 입구에 모셔진 수호신 우스사마묘오(烏枢沙摩明王)에게 예를 갖추도록 권하였다.

화장실 입구에 모셔진 수호신
우스사마묘오(烏枢沙摩明王)

차수는 『부죽반법』의 본문에서도 언급하고 있는 선원의 예법이다. 흔히 중국의 무술영화에서 자주 보는데, 왼손으로 엄지손가락을 가운데 넣어서 주먹을 쥐고 오른손 다섯 손가락으로 이를 덮어서 가슴 앞으로 가져가는 동작이다. 우스사마묘오는 불교 밀교 계통에서 신봉하는 명왕(明王) 중의 하나이다. 일본의 진언종(真言宗)·

천태종(天台宗)·일련종(日蓮宗) 계열의 종파에서 신봉하는 신으로, 말하자면 변소를 관장하는 수호신이다.

15:30 좌선(1)

수행승의 일정 설명이 끝난 후에 곧바로 방을 옮겨 좌선에 임하였다. 좌선을 지도하는 수행승이 밑에 깔고 앉는 좌포(座蒲) 사용법이나 결가부좌 및 반가부좌 자세에 관해서 가르쳐준다. 좌포나 결가부좌 및 반가부좌에 관해서는 본문에서도 언급하고 있다. 좌선에는 종파에 따라서 벽을 바라보고 앉는 자세와 벽을 등지고 앉는 자세 두 가지가 있는데, 조동종에서는 벽을 바라보는 면벽(面壁)을 하도록 정하고 있다. 눈은 감지 않고 정면 45도 각도 아래를 향하도록 지도를 한다. 이는 도겐 이래 조동종의 전통적인 좌선법으로, 눈을 감고 있으면 불필요한 잡념이 들기 때문에 이를 방지하기 위해서라고 한다. 첫 번째 좌선은 약 30분 정도 이어졌다. 좌선은 한국 사찰에서도 경험한 적이 있어서 편하게 임할 수 있었다.

16:20 입욕

좌선을 마치고 목욕을 하러 갔다. 욕실에 들어서니 목욕에 필요한 도구들이 가지런히 정리되어 있다. 함께 욕탕에 들어간 그 누구도 말을 하지 않고 침묵을 유지한다. 아마도 여기 모인 사람들의 대부분이 선원의 승당(僧堂)·화장실(東司)·욕실에서는 침묵해야 한다는, 이른바 삼묵도량(三默道場)에 관해서 미리 들은 바가 있기 때문

일 것이다. 일본어로 목욕(沐浴)을 '모쿠요쿠(もくよく)'라고 하는데, '黙浴'도 '모쿠요쿠(もくよく)'로 발음한다. 이번에 일본에 와서 대중탕을 다녀보니, 목욕탕 여기저기에 '黙浴'이라고 적어서 벽에 붙여 놓았다. 물론 코로나19 확산을 방지하기 위한 방편이다. '沐浴'과 '黙浴', 동음이의어의 절묘한 만남이다.

17:30 약석(藥石)

아직 이른 시간인데 저녁 식사를 시작했다. 식사 전에 지도법사 역할을 맡은 니시다 쇼보(西田正法) 스님이 에이헤이지의 식사 전후 예법에 관해서 강론한다. 마침 궁금하던 참인데, 먼저 '약석(藥石)'이라는 말의 유래에 관해서 알기 쉽게 이야기를 풀어간다. 우리가 매일 먹는 음식은 생명을 이어가는 '藥'과 같은 것이며, '石'은 이전에 사원에서 조식과 중식만을 먹었을 때에, 승려들이 배가 고프면 돌을 달구어서 천에 싸서 품었다는 데서 유래한다고 설명한다. 말하자면 전자는 동양의 전통적인 약식동원(藥食同源) 사상과 관련이 있으며, 후자는 일본의 가이세키 요리(懷石料理)의 기원과 연결되는 셈이다.

설명이 끝나자, 모두 함께 오관 게(五觀の偈)를 구송하였다. 오관 게는 우리가 사용하는 젓가락 포장지에 위에 적혀 있다. 젓가락을 들고 합장 자세를 취한 채로 읽어나갔다. 오관 게는 주로 선종(禪宗) 사원에서 식사 전에 구송하는 게문(偈文)이다. 『부죽반법』에도 상세히 인용되어 있는데, 도겐이 여기서 인용한 이래로 일본에서 널리

알려지게 되었다고 한다. 다른 말로는 오관문(五觀文)이나 식사오관문(食事五觀文) 등으로 부르기도 한다.

이윽고 약식을 먹기 시작하였다. 선원에서 먹는 쇼진요리(精進料理)인만큼 우선 양이 적고, 맛이 담백하며, 깔끔하다. 이는 식욕을 돋구기 위한 식단이 아니라 분명 식욕을 억누르기 위한 식단이다.

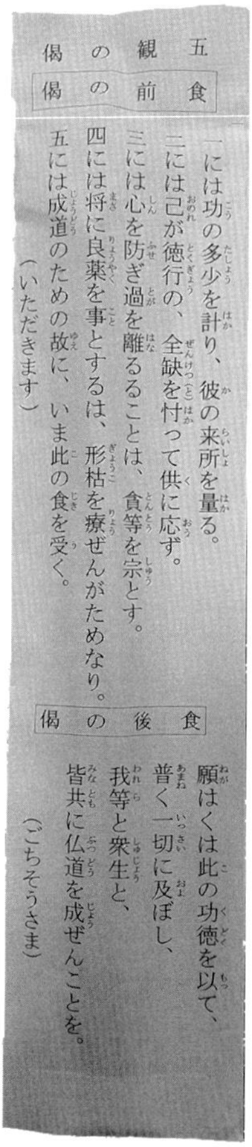

젓가락 포장지에 적힌 오관 게(五觀の偈)

한국에서도 언제부터인가 사찰음식에 대한 일반인들의 관심이 높다. 전통적인 사찰음식의 명맥을 이어오고 있는 절이나 음식을 만드는 몇몇 스님들의 이름이 널리 알려지기도 했다. 한국의 '사찰음식'과 일본의 '쇼진요리', 그 명칭만을 따져본다면 사찰음식은 '절'이라는 공간적 의미를 강조하는 데 비해서, 쇼진요리는 수행에 정진한다는 의미가 포함되어 있다는 점이 대비된다.

식사를 하면서 내가 인상 깊었던 것 중의 하나는 '젓가락 놓는 법'이었다. 일본은 젓가락만을 사용하여 밥을 먹는 식사법 때문인지, 일반적으로 젓가락을 사용할 때에 삼가야 할 까다로운 금기가 몇 가지 있다. 예를 들면 젓가락을 밥 위에 수직으로 꽂아둔다든지, 밥그릇이나 국그릇 가에 걸쳐서 수평으로 나란히 놓는 것을 별로 좋아하지 않는다. 이는 모두 죽음의 이미지와 관련이 있기 때문이다. 특히

참선 과정에 먹은 약석(藥石)

그릇 가에 걸쳐서 나란히 놓는 것을 꺼려하는 것은, 한국에서 문지방을 밟지 말라는 금기와 같은 원리에서 비롯한다고 볼 수 있다. 그릇 위에 걸쳐 놓은 젓가락은 마치 다리를 연상하게 하며, 다리나 문지방은 이른바 리미널 존(liminal zone)에 해당하기 때문이다. 리미널 존은 한 공간에서 다른 공간에서 이동할 때에 거치게 되는 공간으로 문화연구에서 중요한 개념이다. 다리나 문지방을 넘나드는 두 공간을 각각 이승과 저승으로 상정한다면 이해가 더욱 빠를 것 같다.

에이헤이지에서는 젓가락 끝이 나를 향하게 하여, 시계 방향으로 하자면 10시 20분 방향으로 놓도록 하였다. 젓가락 끝을 이쪽으로 향하게 놓는 것이 공격적으로 보이지 않아서, 상대방에 대한 배려라는 설명이었다. 그리고 밥그릇이나 국그릇을 손에 든 채 젓가락으로 반찬을 집지 말고, 일단 밥그릇이나 국그릇을 내려놓고 반찬 그릇을 손에 들고서 먹도록 하였다. 따라서 하다보니 자연스럽게 먹는 시간이 더 걸리고 불편하다. 익숙해지려면 시간이 필요할 것 같다.

18:30 좌선(坐禪) 강화(講話)

니시다 쇼보 스님의 좌선에 관한 강화 시간이다. 약석 시간 이후 니시다 스님의 강의를 들으면서 분명 어디서 본 적이 있는 분이라고 생각했는데, 강의가 끝나갈 무렵에 생각해냈다. 일본에 오기 전에 에이헤이지의 참선에 관한 정보를 얻기 위해서 유튜브에 올라온 영상자료 몇 개를 시청하였는데, 그 중 하나의 다큐멘터리에 등장하여 인터뷰를 했던 스님이었다. 해박한 지식에 달변이라서 내 머릿속에 남아있었는데, 이번 참선에서 만나게 된 것이다. 사람의 인연이란 알 수가 없다.

니시다 스님은 좌선의 핵심에 대해서, 도겐이 저술한 『정법안장』, 『보권좌선의』, 『판도법(辨道法)』 등의 책을 군데군데 인용하며 알기 쉽게 강의하였다. 주로 '조신(調身)'과 '조식(調息)'이라는 용어로 집약하여 설명하였다. '조신'이란 일본어로 '몸(身)'을 '바르게 갖추다(調える)'라는 의미이다. 좌선을 위해 평소에 어떻게 몸 상태를 유지하고, 좌선에 임해서 상반신은 어떤 자세를 취하고, 양손은 어떤 모양으로 어디에 두는지, 아주 상세하게 설명해 주었다. '조식'은 '숨(息)'을 '고르게 호흡한다(調える)'라는 의미이다. 조식과 조신은 불가분의 관계에 있으며, 숨을 고르게 호흡함으로써 내 몸도 바르게 갖출 수 있다는 것이 강의의 핵심이었다.

19:40 영화 상영

좌선 강화에 이어서 에이헤이지의 수행 과정을 취재한 다큐멘터리 상영이 있었다. <에이헤이지의 나날들(永平寺の日々)>이라는 제목의 다큐멘터리이다. 이 영상물은 현재 유튜브에 공개되어 있다. 다큐멘터리에서 소개하는 수행승들의 하루를 옮겨보면 다음과 같다. 내가 지금 참여하고 있는 참선 프로그램의 일정을 기본적으로 수행승들의 하루 생활에 맞추어 구성한 듯하다.

- 진령(振鈴) : 기상을 알리는 방울 소리, 봄가을에는 새벽 4시, 여름에는 3시 반, 겨울에는 4시 반에 기상
- 세면 : 작은 통에 담긴 물 한 통으로 세면
- 효천좌선(曉天坐禪) : 새벽 좌선
- 조과(朝課) : 독경을 하고 부처에게 배례하는 불교 의식으로, 일본어로는 흔히 '아사노오쓰토메(朝のお勤め)'라고 부른다.
- 소식(小食) : 아침 식사로 죽과 단무지 그리고 깨소금이 나온다.
- 작무(作務) : 불전에 놓인 북(太鼓) 소리를 신호로 하여 회랑청소(回廊掃除), 밭일 등의 울력을 한다.
- 일중풍경(日中諷經) : 독경
- 중식(中食) : 점심 식사로 밥, 국, 채소 반찬 한 가지로 구성

- 약석(藥石) : 저녁 식사로 밥, 국, 채소 반찬 두 가지로 구성
- 야좌(夜坐) : 야간 좌선
- 개침령(開枕鈴) : 취침을 알리는 방울 소리와 함께 취침

20:20 좌선(2)

두 번째 좌선이다. 좌선 강화 시간에 들은 조신과 조식을 떠올리며 이에 맞게 하려고 애썼다. 반가부좌 자세가 훨씬 편안해진 것 같기도 하다. 저녁 시간이라 누군가 졸았는지, 내 뒤쪽 자리 어디에서 죽비 내려치는 소리가 들려온다.

21:00 개침(開枕)

취침 시간이다. 저녁 9시면 잠을 자기에는 아직 빠른 시간이다. 자리에 누워서 이런저런 생각을 하고 있는 동안에 어느새 잠이 들었다. 아침 일찍부터 일어나 많이 움직였더니 피곤했던 모양이다.

참선 이튿날

04:50 진령(振鈴)

새벽 4시 경에 누가 깨운 것도 아닌데 저절로 눈이 떠졌다. 나는 다른 사람들에게 방해되지 않도록 조용히 일어나서 세면장으로 가서 세면을 하였다. 침구를 개고 기다리다가 시간이 되자, 모두 함께 좌선하는 방으로 옮겨갔다.

05:15 효천(曉天) 좌선(3)

곧바로 좌선에 들어갔다. 3회째 좌선이라서 그런지 이제 모두가 제법 익숙한 자세로 알아서 좌선을 시작한다. 아침 이른 시간 때문인지 나도 집중이 잘 되었다.

05:35 출발

일본어로는 '핫토'라고 부르는 법당(法堂)으로 출발하였다. 흔히 아사노오쓰토메(朝のお勤め)라고 부르는, 스님들의 조과(朝課)에 함께 참석하기 위해서이다. 개인적으로 전체 참선 일정 중에서 가장 기대되는 시간이기도 했다. 인솔하는 승려가 출발 전에 모두에게 '에이헤지 참배기념 아사노오쓰토메(永平寺參拜記念　朝のおつとめ)'라고 적힌 경문 자료를 나누어준다. 우리들이 두 줄로 법당에 들어서니,

뒤쪽에 우리가 앉을 의자를 따로 마련해 두었다.

06:00 조과(朝課)

입당 순서대로 정해진 의자에 앉아서 잠깐 기다리니, 에이헤이지의 스님들이 좌우 양쪽에서 줄을 지어 입장한다. 입장을 마치자 예불을 진행하는데, 마하반야바라밀다심경(摩訶般若波羅蜜多心經), 보경삼매(寶鏡三昧), 오십칠불(五十七佛), 대비심다라니(大悲心陀羅尼) 등을 소리내어 읽어나간다. 예불을 진행하는 동안에 스님 한 분이 진행 순서에 해당하는 경문이 적힌 페이지를 커다란 종이에 적어서, 앞으로 들고나와 우리들에게 보여준다. 법당에서는 묵언(默言)을 해야 하기 때문에 종이에 따로 적어서 알려주는 것이다. 은연중에 우리를 배려하는 마음이 잘 전달된다.

조과가 끝난 이후

제당(諸堂) 안내

조과를 마치자 인솔하는 스님이 우리들을 데리고 사원의 전각을 돌아다니며 안내한다. 에이헤이지는 흔히 칠당가람(七堂伽藍)이라고 부르는 여러 전각(殿閣)을 모두 회랑(回廊)으로 연결하였다. 참배객은 길상각 입구에서 슬리퍼로 갈아신고 회랑을 돌아다니며 참배하고 전각을 관람한다. 따라서 비나 눈을 맞을 염려가 없다. 칠당가람은 일본의 사원에서 특히 중요하게 여기는 일곱 건물을 말한다.

이는 법당(法堂)·불전(佛殿)·승당(僧堂)·고원(庫院)·산문(山門)·동사(東司)·욕실(浴室) 등이다.

먼저 길상각 바로 옆에 붙어있는 산송각(傘松閣)의 2층 큰방으로 우리를 안내한다. 산송각은 에이헤이지의 처음 산호(山號)가 '산송(傘松)'이었기 때문에 붙인 이름이다. 우리를 안내한 2층 방은 다타미 156장 크기나 되는 넓은 공간으로, 천정에 그려진 그림으로 유명한 곳이다. 1930년에 당시의 저명한 화가 44명이 참여하여 모두 230매에 이르는 그림을 그려서 천정에 장식하였다. 이 때문에 방 이름도 '그림 천정 방(繪天井の間)'이라고 부른다.

산송각(傘松閣) 2층의 '그림 천정 방(繪天井の間)'

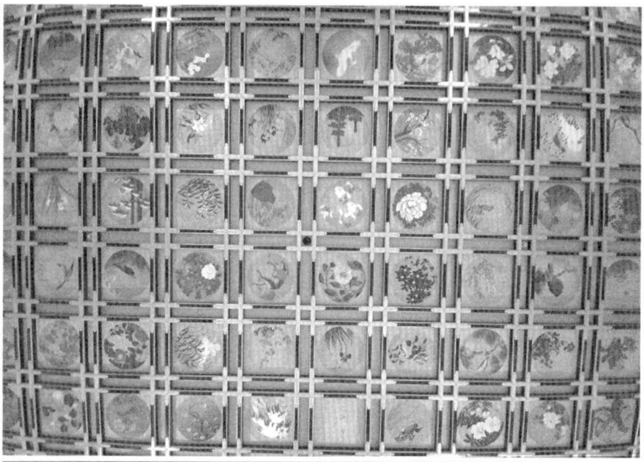

1	1 산송각(傘松閣) 2층 천정의 그림
2	2 에이헤이지의 산문의 사천왕상
3	3 에이헤이지의 가라몬(唐門)

이어서 산문 앞으로 우리를 안내한다. 산문은 1749년에 건립하였으며 중국 당나라 시대 건축 양식을 모방하여 세웠다고 한다. 한국의 여느 절과 마찬가지로 산문 양쪽에는 사천왕상(四天王像)이 세워져 있다. 산문 누상에는 나한당(羅漢堂)이 마련되어 있는데 오백나한을 모시고 있다. 산문에서 아래쪽으로 종을 매달아 놓은 종루각(鍾樓閣)이 보이며, 그 아래쪽으로는 가라몬(唐門)이라고 부르는 문이 있다.

가라몬은 산문 안쪽에서는 잘 보이지 않아서, 나중에 사원 밖으로 나가서 확인하였다. 이 가라몬은 일본 황실에서 파견한 칙사를 맞이하는 문으로, 칙사문(勅使門)이라는 이름으로 따로 부르기도 한다. 그 때문인지 문 중앙에 일본 천황가를 상징하는 국화 문양을 또렷하게 새겨놓았다. 황족이 찾아오거나 사원의 주지에 해당하는 관수(貫首)가 취임할 때에만 한정적으로 문을 개방하다가, 현재는 그믐날 밤에 4시간 정도 개방한다고 한다. 나도 일본에 오기 전에 미리 보아둔 영상자료에서, 사람들이 가라몬에 들어가기 위해서 길게 줄을 선 장면을 본 적이 있다.

산문 바로 위쪽으로 중작문(中雀門)이라는 문이 보이고, 그 너머에 불전이 바라보인다. 불전은 선종 계열의 사원에서 중심이 되는 건물로 중앙에 석가모니불을 안치한다. 이곳 불전은 1902년에 개축하였다고 한다. 내부의 정면 위쪽에 걸어놓은 '祈禱'라고 한자로 쓴 현판이 인상적이었다.

1
2

1 법당의 외부 모습과 '왕법왕(王法王)' 현판
2 법당의 내부 모습

불전 뒤쪽 가장 깊숙한 곳에 법당이 위치해 있다. 법당은 주지가 불법을 설하는 곳으로, 오늘 아침 우리들이 참여한 조과를 비롯한 각종 법요(法要) 의식을 거행하는 공간이다. 법당 중앙에는 성관세음보살을 안치하였다. 법당 밖 정면에 '왕법왕(王法王)'이라고 쓴 현판이 걸려있다.

산문에서 불전으로 올라가는 오른쪽에 대고원(大庫院)이 있다. 고원은 사원의 공양간으로, 일본어로는 '구인(くいん)'이라고 읽는다. 입구에 적힌 설명문을 읽어보니, 지금의 구인은 1930년에 개축하였으며 지하 1층과 지상 4층으로 이루어졌다고 한다. 구인 정면에 안치된 위태존천(韋駄尊天)이 낯설었지만 매우 인상적이었다. 위태존천은 불교를 수호하는 천신 중의 한 신으로, 일본의 선종에서는 주로 공양간을 수호하는 수호신으로 모신다. 에이헤이지가 선종 계열의 사원이기 때문에 구인 정면에 이 신을 안치한 것이다.

에이헤이지의 운당(雲堂)

운당의 내부 모습

산문 왼쪽으로 올라가면 승당(僧堂)이 나온다. 승당은 운당(雲堂)이라고 부르기도 하는데, 승당 정면에 '운당'이라고 적은 현판이 걸려있다. 승당은 수행하는 승려들이 식사를 하고 좌선을 하는 중요한 공간으로, 『전좌교훈』과 『부죽반법』에서 자주 언급한다. 안내를 맡은 스님이 함께 다니면서 승당과 대고원 그리고 승양전(承陽殿) 안에는 들어가지 못하도록 하였는데, 나는 나중에 따로 잠깐 들여다볼 기회가 있었다. 승당은 내당(內堂)과 외당(外堂)으로 구분되어 있으며, 내당 정면에는 지혜의 상징인 문수보살상이 안치되어 있다. 문수보살상을 빙 둘러싸듯이 하여 좌선에 필요한 자리를 마련하였는데, 이 자리를 가리켜 '단(單)'이라고 부른다. 번역하면서 내내 궁금했었는데, 백문이 불여일견이라더니 와서 보니 이해가 빠르다.

산문에서 왼쪽으로 깊숙한 공간에 승양전이 마련되어 있다. 승양(承陽)은 '불법을 이어받아 전파하다'라는 의미로, 도겐의 시호(諡號)이기도 하다. 말하자면 도겐의 위패를 모신 묘소(廟所)이다. 안내해준 스님은 이 사원에서 가장 신성한 공간이라고 설명한다. '가장 신성한 공간'이라서 안으로 들어가는 것조차 금했던 모양이다. 한편으로 '가장 신성한 공간'은 불전이나 법당이 아닌가 하는 생각이 든다. 일본의 사원을 돌아다니면서 느낀 점 중의 하나인데, 일본 불교에서는 특정 종파의 개조(開祖)에 대한 신앙과 존숭이 석가모니불 못지않은 듯하다. 예를 들면 석가모니가 탄생한 '부처님 오신 날'은 대대적으로 의식을 거행하지 않는 데 비해서, 불교 종파마다 조사의 탄생일 및 기일(忌日)을 빠뜨리지 않고 다양한 기념 의식을 거행한다. 에이헤이지에서 석가모니불을 안치한 '불전(佛殿)'과 도겐의 위패를 안치한 승양전(承陽殿), 양쪽 모두 '殿'이라고 부르는 전각의 위상으로 보아도, 어딘가 양자를 동격으로 간주하고자 하는 심리가 작용한 것은 아닐까 싶다.

소식(小食)

아침 식사 시간이다. 소식은 일본어로 '쇼지키(しょうじき)'라고 한다. 일종의 불교 용어이기 때문에 읽는 법이 약간 다르다. 죽에 단무지와 깨소금만을 곁들인 간소한 식사이다. 약석과 좌선 강화를

담당했던 니시다 쇼보 스님이 이번에도 간단한 강화를 하였다. 너무 간소한 식사에 아침 일찍 일어나서 돌아다녀서 그러한지, 식사를 마치고도 시장기가 느껴진다. 그렇지만 머리가 맑고 뱃속이 무척 편하다.

좌선(4)

마지막 좌선 시간이다. 불필요한 잡념을 떨쳐버리는 것이 좌선이라고 하는데, 나는 짧은 시간 동안에 이런저런 많은 생각을 하였다. 돌아가신 부모님 얼굴이 떠올라서 눈물을 흘릴 뻔하기도 하였다. 애써 호흡을 가다듬고 두 분이 좋은 곳으로 가셨기를 빌어본다. 번역이 거의 마무리된 『전좌교훈』과 『부죽반법』의 좌선 관련 내용을 이번 1박 2일 참선 프로그램과 이리저리 연결해보기도 하였다.

감상문 작성 및 다화회(茶話會)

마지막 좌선이 끝나고 소식 공양을 했던 식당으로 옮겨가서 각자 감상문을 작성하였다. 이어서 니시다 쇼보 스님과 차를 마시며 대화하는 시간을 가졌다. 참가자 모두가 진지하게 감상을 말하고 질문을 한다. 나도 좌선 강화 시간에 들었던 판도(辨道)에 관한 간단한 질문을 하였다.

09:00 전에 해산하여 하산

공식적인 참선 일정이 모두 끝나고 해산하였다. 나와 도쿄에서 온 조리사 팀은 따로 남아서 전좌(典座) 스님을 면담하며 차담을 나누었다. 전좌 스님의 명함을 받아보니 니시무라 신텐(西村眞典)이라고 적혀 있다. 편한 분위기 속에서 이런저런 이야기를 나누다 보니, 면담 시간이 두 시간 가까이 되었다. 에이헤이지 공양간의 운영 방침, 식재료 구입 및 보관 방법, 음식을 조리할 때의 마음가짐, 수행승들이 좋아하는 음식, 음식과 이를 담는 그릇의 음양의 조화 등에 관한 이야기를 묻고 들었다. 13세기 인물인 도겐이 『전좌교훈』에서 강조한 내용들을 현역 전좌 스님의 입을 통해서 직접 들을 수 있었으니, 참선에 참가하기를 정말 잘했다는 생각이 든다.

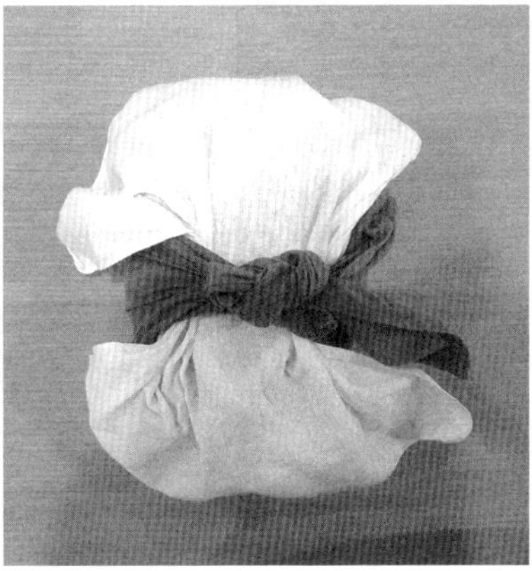

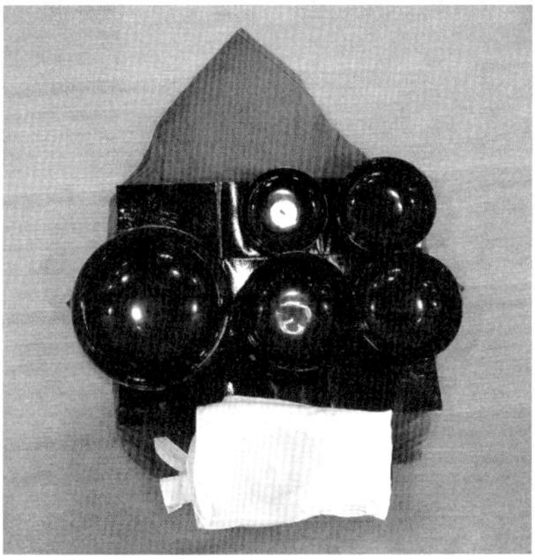

1	2
	3

1 보자기에 싼 상태의 발우 세트
2 모두 펼쳐 놓은 발우 세트. 앞줄 왼쪽부터 두발(頭鉢), 제일분(頭鐼), 제이분, 뒷줄 오른쪽부터 제삼분, 제사분이다.
3 발우 세트를 올려놓기 위한 발단(鉢單)

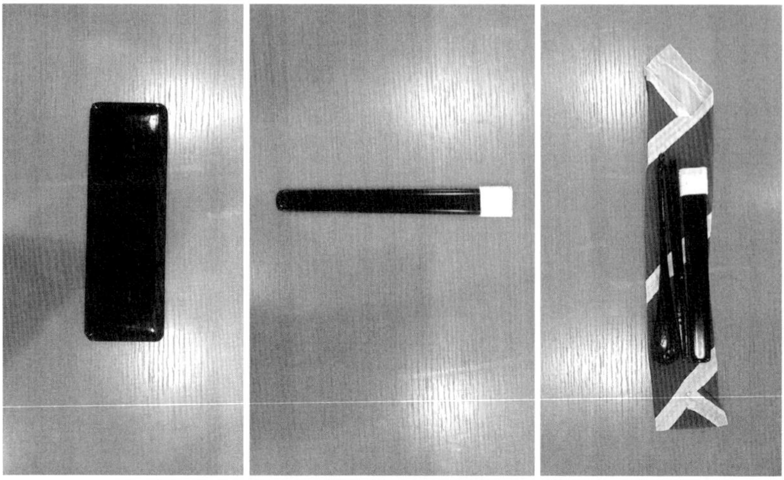

1 2 3

1 두발(頭鉢)을 올려놓는 받침대인 발설(鉢揲)
2 음식 찌꺼기를 제거하고 그릇을 씻을 때 사용하는 발쇄(鉢刷)
3 숟가락과 젓가락 그리고 발쇄를 넣어두는 시저대(匙筯袋)

전좌 스님과의 면담이 끝난 후에는 마지막으로 개인 일정을 가졌다. 번역서에 들어갈 발우(鉢盂) 사진이 필요해서 미리 부탁을 드렸는데, 에이헤이지의 국제부에서 일하는 아다치 도닌(安達道人) 스님의 주선으로 사진 촬영을 할 수 있었다. 이것이 두발(頭鉢)이고 이것이 제일분(第一鐼) 그리고 저것이 시저대(匙筯袋), 아다치 스님의 친절한 설명을 들으며 서둘러 사진을 찍었다.

에이헤이지 답사를 마치고 번역서의 <역자 후기>에 관련 사진을 추가하였다. 사진 덕분에 조금은 읽기 편한 책이 될 것 같다. 번역 원고를 출판사로 보내기 직전, 우연한 기회에 작가 미즈카미 쓰토무(水上勉)의 『흙을 먹는 나날(土を食う日々)』이라는 작품을 알게 되었다. 미즈카미는 아홉 살에 선종 사원에 들어가서 노스님의 시중

을 드는, 바로 전좌 역할을 했던 경험을 지니고 있다. 그 시절의 경험을 반영하여 지은 책이 바로 이 책이다. 그는 쇼진요리란 밭에 나가서 구한 식재료를 활용하여 음식을 만드는, 바꾸어 말하자면 '흙을 먹는' 것이라는 지론을 가지고 있다. 이 책에도 도겐의 『전좌교훈』이 인용되어 있다. 예를 들면 번역서 제4장에 나오는 선 수행에 있어서 전좌 소임의 중요함을 강조한 문장을 인용하였다. 일찍 알았더라면, 작가의 생전에 인터뷰라도 하였으면 좋았을 것이란 생각이 든다.

원문의 의미를 더 이해하고 번역문을 더욱 다듬은 후에 출판을 해야 하는 것이 아닌가 싶어서, 여전히 책을 내기가 망설여진다. 그렇지만 계속 미루고만 있을 수는 없을 것 같아서 출판사로 원고를 건넸다. 다행히도 마지막 교정단계에서 송영숙 선생님의 교정 도움을 받았다. 그는 시코쿠헨로(四國遍路)라는 일본의 불교 순례를 연구하는 연구자로, 꼼꼼하게 문장을 읽고 부족한 점을 지적해 주었다. 송 선생님의 정성에 지면을 빌어서 고마움을 전하고자 한다. 번역 원고를 마무리할 무렵에 국제일본문화연구센터의 야스이 마나미(安井眞奈美) 교수의 후의로 이곳 연구센터에 와서 원고를 완성할 수 있었다. 야스이 교수와의 오랜 우정이 고마울 따름이다. 역자의 에이헤이지 참선 체험과 면담을 위해서 줄곧 연락을 취하며 많은 도움을 주신 국제부의 아다치 도닌(安達道人) 스님, 좋은 말씀을 들려주신 니시다 쇼보(西田正法) 부감원 스님과 니시무라 신텐(西村眞典) 전좌 스님과의 인연을 오래 간직하고자 한다. 그리고 이번에도 편집과정에서 필자의 미흡한 부분을 채우느라 애쓰신 전남대학교출판문화원의 편집부 여러분께 진심으로 감사드린다.

2023년 2월 입춘 날

교토 국제일본문화연구센터 연구실에서 역자 김용의

찾아보기

ㄱ

가라몬(唐門) __199
가방(街坊) __109
가사(袈裟) __100, 107
가이세키 요리(懷石料理) __189
갈식(喝食) __132
감사(監寺) __15, 108
감원(監院) __108, 177
갱두(羹頭) __27
거로(踞爐) __124
겐닌지(建仁寺) __71, 74
결가부좌 __188
경덕사(景德寺) __54
경원부(慶元府) __49
계수례무상도(稽首禮無上導) __172
계수박가범(稽首簿伽梵) __127
고궤(高机) __115
고사(庫司) __24
고원(庫院) __100, 197
고조 승양대사(高祖承陽大師) __180
곤피라당(金毘羅堂) __185
공양간 __15
과보(果報) __63, 84, 129
관세음보살(觀世音菩薩) __126
관음도리원(觀音導利院) __91
광리사(廣利寺) __49
괘탑단(掛搭單) __111
구배(九拜) __72
권선사(勸禪師) __49
그림 천정 방(繪天井の間) __197
기쁜 마음(喜心) __82
길상산 에이헤이지(吉祥山永平寺) __183
길흉재(吉凶齋) __124

ㄴ

나한당(羅漢堂) __199
남협판두(南頰板頭) __132
내당(內堂) __202
노능미(盧陵米) __38
노숙한 마음(老心) __82, 86
능가경(楞伽經) __96

ㄷ

다탁(茶托) __178
단과료(旦過寮) __36
단맛(甘) __130
단좌(端坐) __107

단좌(端座) __124
담백한 맛(淡) __130
당두시자(堂頭侍者) __172
당주(堂主) __109
대고원(大庫院) __201
대뢰고(大擂鼓) __115
대비심다라니(大悲心陀羅尼) __196
대승(大乘) __126
대종(大鐘) __100
대좌다탕(大坐茶湯) __177
대중(大衆) __104, 115, 116, 124, 125, 178
도겐(道元) __91, 179, 203
도반(道伴) __54
도사(都寺) __15, 108
도심(道心) __79
동사(東司) __197
두발(頭鉢) __146, 153, 162, 165, 170
두분(頭鐼) __119, 121, 146, 165, 170
두수(頭首) __37, 76, 82, 91
들판을 뛰어다니는 말 __32

ㄹ

리미널 존(liminal zone) __191

ㅁ

마삼근(麻三斤) __79, 90
마하반야바라밀다심경(摩訶般若波羅蜜多心經) __196
매운맛(辛) __130
먹는 것은 불법 __98
면벽(面壁) __188
명전(明全) __55
목어(木魚) __109
묘법연화경(妙法蓮華經) __126
문수보살상 __202
문수사리보살(文殊師利菩薩) __126
문자(文字) __51, 52, 54, 57
미륵보살(彌勒菩薩) __126
미즈카미 쓰토무(水上勉) __206

ㅂ

반가부좌 __188
반두(飯頭) __27
발단(鉢單) __120, 121, 139, 144, 146, 149, 170
발설(鉢揲) __146, 165
발쇄(鉢刷) __120, 121, 144, 146, 157, 158, 165, 170
발식(鉢拭) __165
발우(鉢盂) __108, 109, 111, 115, 116, 137, 139, 140, 146, 149, 153, 157, 161, 165, 168, 175, 206
발우(鉢盂)를 펼치는 법 __119
밥통이나 국통 __24

방장(方丈) __16
방참종(放參鐘) __177
백장선사(百丈禪師) __90
백호(白毫) __60
법(法) __162
법(法)과 식(食) __96
법계(法界) __97
법계의 세계 __97
법당(法堂) __197
법성(法性) __96
법시(法施) __135
법신(法身) __33
법요(法要) 의식 __201
법의(法衣) __107, 165, 168
법익(法益) __177
보경삼매(寶鏡三昧) __196
보권좌선의(普勸坐禪儀) __180, 192
보리(菩提) __96
보시행(布施行) __135
보현보살(普賢菩薩) __126
복자(袱子) __172
복파(複帕) __170
본말구경등(本末究竟等) __98
부사(副司) __15
부사(副寺) __108
부상좌(孚上座) __90
부죽반법(赴粥飯法) __179, 187, 189, 202, 204
분자(鐼子) __120, 150, 157, 158, 161, 170
불도(佛道) __71, 74, 142
불도(佛道)를 실현 __30
불도 수행 __11, 51, 79
불법승(佛法僧) __124
불법승 삼보 __127
불법은 먹는 것(食) __98
불신(佛身) __65
불작불행(佛作佛行) __71
불전(佛殿) __44, 197, 203
불타(佛陀) __98

ㅅ

사(事) __97
사대 공양 __60
사승(師僧) __66, 74
사찰음식 __190
사천왕상(四天王像) __199
산문(山門) __197
삼경(三更) __27
삼덕(三德) __18, 19, 129
삼묵도량(三默道場) __188
삼발(三鉢) __120
삼보(三寶) __68, 82, 83, 84, 86
삼십삼 관음순례(西國三十三觀音巡禮) __183
삼십삼천(三十三天) __82
삼천위의경(三千威儀經) __161
상간(上間) __103, 104, 109, 157
생반(生飯) __144
서기(書記) __130
서당(西堂) __132

서천축(西天竺) __149, 150
석존(釋尊) __60, 87
선근(善根) __18, 63
선기(禪機) __90
선원청규(禪苑淸規) __11, 13, 15, 18, 60, 68, 83
선종(禪宗) __189
설거지 __24
성관세음보살 __201
성불(成佛) __63
성승(聖僧) __103, 104, 115, 116, 132, 135, 170, 172, 175, 177
성승(聖僧) 시자(侍者) __113
소(疏) __124, 125
소종(小鐘) __115, 177
소참(小參) __33
속세적인 마음 __77
쇼진요리(精進料理) __186, 190
수계(受戒) __104
수고우(水牯牛) __38
수라(修羅) __83
수식(受食) 절차 __132
수좌(首座) __103, 129, 130, 132, 133, 135, 137, 177
수초선사(守初禪師) __13, 79, 90
수행 도량 __21, 39, 69, 91
수행승 __21, 33, 37, 41, 58, 60, 61, 63, 65, 91, 177
수행자 __129
수행하는 승려 __11
순수한 선(禪) __57
숲속을 날아다니는 원숭이 __32
승당(僧堂) __36, 41, 72, 100, 115, 125, 130, 132, 170, 175, 177, 197, 202
승당으로 들어가는 법 __103
승보(僧寶) __68
승양전(承陽殿) __202, 203
승지율(僧祗律) __129
시방삼세(十方三世) __126
시식게(施食偈) __129, 132
시자(侍者) __109, 115, 170, 172, 175
시재게(施財偈) __135
시저대(匙筯袋) __119, 121, 165, 170, 206
시주(施主) __124, 135, 177
시중을 드는 법 __137
시코쿠헨로(四國遍路) __207
식(食) __162
식(食)이 바로 불도(佛道) __179
식기 씻는 법 __165
식기나 도구 __24
식사 예법 __41
식사를 받아드는 법 __139
식재료 __30, 63
신맛(醋) __130
신불습합(神佛習合) 사상 __185
심청정초어피(心淸淨超於彼) __172
십불(十佛) __125, 129

십불의 명호 __127
쓴맛(苦) __130

ㅇ

아귀(餓鬼) __83
아마테라스오미카미(天照大御神) __185
아사노오쓰토메(朝のお勤め) __195
아육왕(阿育王) __63, 79
아육왕사 __50, 52
아육왕산(阿育王山) __49
아홉 번의 배례 __41
안거(安居) __104
약식동원(藥食同源) __189
양개선사(良价禪師) __21
에이사이선사(榮西禪師) __172
에이헤이지(永平寺) __173, 183, 201, 203
여덟 종류의 경계(境界) __83
여래(如來) __149
여연화불착수(如蓮花不着水) __172
연수당(延壽堂) __36
열반경(涅槃經) __129
영우선사(靈祐禪師) __13, 38, 79, 90
영파부(寧波府) __44
영평청규(永平淸規) __180
오관(五觀) __146
오관 게(五觀の偈) __189
오십칠불(五十七佛) __196
오일(五日) __49
왕법왕(王法王) __201
외계의 영향 __32
외단(外單) __113, 158, 172
외당(外堂) __202
요수좌(寮首座) __37
요주(寮主) __37
욕실(浴室) __197
욕주(浴主) __109
우스사마묘오(烏枢沙摩明王) __187
운판(雲版) __100, 109
위산승(潙山僧) __38
위태존천(韋駄尊天) __201
유나(維那) __15, 37, 108, 116, 124, 125, 127, 129, 133, 135, 140, 158, 172
유마경(維摩經) __96
육미(六味) __19, 129
육안(肉眼) __33
육지사(六知事) __11
의존화상(義存和尙) __21
이(理) __97
이나리당(稲荷堂), __185
인용선사(仁勇禪師) __15
일련종(日蓮宗) __188
일박참선(一泊參禪) __181
일본 관습 __150
일심(一心) __96
일엽관음(一葉觀音) __186
일척안(一隻眼) __32

일체의 사물 __97
일체제불(一切諸佛) __126
입당(入堂) __100, 109, 115, 178
입당하는 순로(順路) __103

ㅈ

작관(作觀) __144
장육(丈六) __33
재시(財施) __135
재청(再請) __157
전륜성왕(轉輪聖王) __82, 84, 149
전좌(典座) __11, 13, 15, 18, 21, 22, 24, 25, 27, 30, 32, 36, 38, 41, 44, 45, 49-52, 54, 57, 60, 68, 71, 74, 76, 79, 84, 86, 109, 179, 204
전좌교훈(典座教訓) __179, 202, 204
전좌료(典座療) __72
절대무이(絶對無二) __98
정(淨) __149
정건(淨巾) __119, 168, 170
정등각(正等覺) __97, 98
정법안장(正法眼藏) __180, 192
정인(淨人) __137, 139, 146, 161, 168
정재(淨財)를 희사 __39
정중한 예법 __41
제법실상(祭法實相) __98
제삼분(第三鐼) __120, 166
제석천(帝釋天) __82
제이분(第二鐼) __120, 165, 166
제일분(第一鐼) __206
제호미(醍醐味) __65
조공(竈公) __24
조동종(曹洞宗) __179
조사(祖師) __13, 68
조식(調息) __192
조신(調身) __192
조참(早參) __177
종루각(鍾樓閣) __199
좌구(坐具) __41
좌선 수행 __54
좌포(座蒲) __115, 175
좌포(座蒲) 사용법 __188
주지(住持) __103
죽반두(粥飯頭) __60
중국 남송(南宋) __76
중료(衆寮) __16
중작문(中雀門) __199
중현선사(重顯禪師) __57
지객(知客) __109
지사(知事) __15, 39, 76, 82, 91
지옥(地獄) __83
직세(直歲) __15, 109
진실한 도심(道心) __57
진언종(真言宗) __187
진여(眞如) __96, 97
진여의 세계 __97
진일선사(眞一禪師) __97
짠맛(鹹) __130

ㅊ

차별적인 입장 __97
차수(叉手) __132, 133, 172, 187
처세계범(處世界梵) __172
처세계여허공(處世界如虛空) __172
천동산(天童山) __44, 54
천지관세음보살(天地觀世音菩薩) __183
천태종(天台宗) __188
체인(體認) __98
초연재(超然齋) __44
촉(觸) __149
축생(畜生) __83
출당(出堂) __178
출생(出生) __121, 144
칙사문(勅使門) __199
칠당가람(七堂伽藍) __196

ㅋ

큰 마음(大心) __82, 89

ㅌ

탄두(炭頭) __109
탄불게(嘆佛偈) __127
탑두(塔頭) __36
퇴침(槌砧) __113, 116, 124, 127, 129, 135, 172, 175

ㅍ

판도(辨道) __51, 52, 54
판도법(辨道法) __192
판도화(辨道話) __192
편식퇴(偏食槌) __133, 140, 142
평등한 진리 __97
평상(牀) __107, 115
평상 내려가기(下牀) __175
평상 오르기(上牀) __175
포건(布巾) __119, 121, 161, 162
표백문(表白文) __125
피육(皮肉)과 골수(骨髓) __41

ㅎ

하간(下間) __103, 104, 109, 157
하당종(下堂鐘) __177
하당퇴(下堂槌) __170, 172
하안거(夏安居) __49
합장 __103, 116, 125, 130, 132
행각승 __36, 50
행자(行者) __24
행향(行香) __124
향대(香臺) __172
협산(夾山) __89
화주(化主) __109
회해선사(懷海禪師) __69
훌륭한 도심(道心) __38